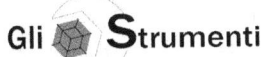

Gli Strumenti

Collana diretta da Antonino Saggio

Vita Nostra Edizioni

Architetture da un pianeta infetto
A cura di: Gianmichele De Sario, Laura Possenti e Vittoria Silvaggi

Collana: «Gli Strumenti»
Direttore: Antonino Saggio

In copertina: immagine generata con MidJourney, 2024
Prima edizione

Editore: Vita Nostra Edizioni
Piazza Grecia 61, 00196 Roma tel. 0697615923
www.vitanostraedizioni.it
Distribuzione internazionale: Amazon.com

«Gli Strumenti» vuole fornire elementi di riflessione conoscitiva e teorica nei campi della scienza contemporanea, del pensiero, dell'arte, dell'urbanistica, dell'architettura e della produzione di oggetti per spingere il lettore alla ricerca di nuove direzioni del proprio operare.

A cura di
Gianmichele De sario, Laura Possenti e Vittoria Silvaggi

ARCHITETTURE
DA UN PIANETA INFETTO

Indice

Introduzione
Gianmichele De Sario, Laura Possenti, Vittoria Silvaggi — 7

Contributi

Intra-specie
Laura Possenti — 13

Atmosfere costruite in un pianeta infetto
Gianmichele De Sario — 33

Politica e bioclimatica:
per una coscienza più-che-umana
Francesca Casalino — 51

Consumo del suolo agricolo e antropizzazione
Marco Ugolini — 67

Dello sforzo di riportare la lattuga al centro del villaggio (e di costruirle una bella casa)
Alessandro Di Egidio — 79

Sembrava il paradiso
Vittoria Silvaggi — 91

STONE-AGE ELETTRICO
O DI COME IL PROGETTO RISPOSE AL COLLASSO   111
Michele Anelli-Monti

LA RIGENERAZIONE URBANA:
UNA POSSIBILE RINASCITA DELLE CITTÀ   125
Sara Ceccoli

NUOVE FRONTIERE DELL'ABITARE   135
Edoardo Marini

INDICE DEI NOMI   147

Introduzione

Il progetto al tempo della crisi

Gianmichele De Sario, Laura Possenti e Vittoria Silvaggi

Identificare una crisi a priori significa riconoscerne i sintomi fin dallo stadio iniziale: un'attività che presuppone la capacità e il coraggio intellettuale di ammetterne le conseguenze, in quella che si preannuncia come una vera e propria sfida. La scienza non procede per accumulazione: il suo sviluppo – se così lo si può definire – risulta sempre vincolato ad una serie di condizioni al contorno, una sorta di grande rete di teorie, una visione del mondo entro la quale lo scienziato si muove e si ritrova a operare. Questo sistema teorico-concettuale è alla base di quanto l'epistemologo statunitense Thomas Kuhn[1] definiva *paradigma*: un orizzonte conoscitivo di credenze assiomatiche e di assunti, indispensabile allo sviluppo di una scienza normale. Un paradigma è una struttura sulla quale – e solo entro la quale – si può fondare un vero e proprio apparato teorico. Date per assodate delle verità tra di loro coerenti, si riduce l'entità del sospetto e si può mettere da parte, almeno entro una certa misura, il dubbio. Almeno fino a che non insorgano e si facciano sempre più insistenti anomalie, rompicapo irrisolti e apparentemente irrisolvibili entro

---

[1] Storico statunitense e filosofo della scienza (Cincinnati 1922 - Cambridge, Massachusetts, 1996). A lui si deve una proficua interconnessione tra storia e filosofia della scienza, per influenza della sua opera maggiore, *The structure of scientific revolutions* (1962). Kuhn ha messo in evidenza le continue interazioni fra concezioni filosofico-metafi-

il paradigma in atto. Se l'assimilazione di una novità genera una serie incalcolabile di scenari complessi, il momento della prima ricognizione è quello che richiede il maggior grado di coraggio, il maggior sforzo interpretativo, perché comporta la messa in dubbio del sistema delle proprie convinzioni nella sua interezza. Non esiste tuttavia un modo per prevedere l'andamento di una crisi, che non è di certo lineare, né sembra scontato, come si diceva in precedenza, riuscire ad interpretarne i sintomi, a comprenderne le grandi potenzialità e la natura intrinseca di risorsa.

La storia sembra insegnare che le crisi sono spesso irresistibili. Non si può che esserne travolti, in special modo in un periodo storico in cui si sperimenta uno stato di crisi multiple. Guerra, pandemia, incertezza economica, aumento delle temperature, siccità, incendi boschivi, perdita di biodiversità, scioglimento dei ghiacciai, inquinamento. Termini di cui si abusa nella comunicazione e in politica, tanto da dare assuefazione. Abituati ad ascoltare il suono della parola *crisi*, il suo significato non appare più tanto allarmante e ci si arrende all'idea di dover convivere con essa e con l'immobilismo delle istituzioni.

Questa pubblicazione nasce dalla consapevolezza dell'importanza della discussione sulla crisi, ma anche dalla convinzione che quest'ultima non sia più sufficiente e che sia indispensabile agire, abbandonare ogni resistenza, mettere in discussione quel sistema di certezze su cui la nostra società di fonda e predisporci alla nascita di nuovi paradigmi.

I contributi presenti all'interno della pubblicazione sono caratterizzati da un'impostazione comune: circoscrivono una specifica crisi e, a partire da questa, individuano architetture che ci interrogano su di essa e tentano di affrontarla.

L'intervento di Laura Possenti si apre con un approfondimento sul concetto di biodiversità in un'ottica che vada oltre una definizione meramente quantitativa: difatti l'interdipendenza tra perdita della biodiversità e cambiamenti climatici appare sempre più innegabile. La consapevolezza che il progetto possa investire la sfera della biologia è centrale già in alcune sperimentazioni degli anni Novanta. Se inizialmente ci si approcciava alla natura come ad una fonte d'ispirazione sul piano

---

siche e prassi scientifica, che priverebbero di fondamento l'idea di una razionalità e di un metodo scientifici avulsi dal contesto storico-culturale. Di qui una concezione epistemologica secondo cui nella storia della scienza si alternerebbero fasi di "scienza normale" (paradigmi), e fasi di "scienza straordinaria", che insorgerebbero in seguito al manifestarsi di "anomalie". L'impossibilità di riassorbire nella scienza "paradigmatica"

estetico quanto biologico-funzionale, è negli ultimi decenni che ha preso corpo una nuova definizione del progetto: l'uomo non è più il solo ad esserne protagonista. Il design intra-specie degli americani Terreform One, ad esempio, si pone l'obiettivo di pensare spazi di coesistenza e simbiosi tra uomo e specie diverse, mentre i francesi New Territories di François Roche concepiscono architetture a metà tra sfera biologica e tecno-informatica.

Non è distante la riflessione di Gianmichele De Sario, che evidenzia come la crisi sembri essere un carattere intrinseco dell'era dell'Antropocene, per poi suggerire – attraverso una serie di esempi puntuali – che l'unica strada percorribile sia quella di instaurare un contatto tra le realtà, apparentemente antitetiche, della biosfera e della tecnosfera. Centrale è ancora il ruolo dell'uomo che, attraverso lo sviluppo tecnologico e la progettazione architettonica e urbana, può agire come catalizzatore di processi eco-simbiotici, verso una concreta integrazione interspecie. Progettisti come Neri Oxman, Alexandra-Daisy Ginsberg e Philippe Rahm hanno dimostrato che un progetto che integri elementi biologici e tecnologici sia possibile, e che sia la stessa architettura a dovere, e poter, rispondere alla crisi bioclimatica. In particolare Rahm – nel suo *Climatorium* – propone un'architettura adattiva che trasforma la crisi climatica in valore architettonico.

Il valore e la necessità dell'azione in una contemporaneità dominata dalle crisi, a partire da quella bioclimatica, sono centrali anche per Francesca Casalino. L'urgenza di una cosmopolitica che inviti a considerare tutte le specie come interconnesse e che metta in primo piano l'importanza di ripensare la società - e l'architettura - in chiave biologica, sembra essere stata recepita dallo studio spagnolo Office for Political Innovation, diretto da Andrés Jaque. Una progettazione, quella di Jaque, in cui l'innovazione tecnologica si apre alle frontiere inedite degli ambienti multi-specie, come nel *Colegio Reggio*, scuola-manifesto della libertà creativa, il cui design stesso sembra stimolare l'interazione con l'ambiente e la consapevolezza ambientale.

Ma la crisi bioclimatica si traduce anche in questioni legate al consumo e all'erosione del suolo, come evidenziato da Marco Ugolini. L'accento si pone su fenomeni quali l'urbanizzazione massiva, le colture

---

tali anomalie darebbe luogo a rotture rivoluzionarie e all'elaborazione e all'accettazione di un nuovo paradigma.

intensive, il disboscamento, che di questa crisi sono causa primaria. La crisi alimentare, già dettata dall'impoverimento dei terreni agricoli, è esacerbata dalla forte crescita demografica degli ultimi decenni. Il tentativo di coniugare tradizione agricola ed esigenze della contemporaneità si è tradotta a Shenyang in Cina nel progetto della nuova sede universitaria, che include un parco agricolo, a richiamare la funzione precedente di risaia.

È proprio la crisi alimentare a spingere la ricerca verso nuove frontiere, come racconta Alessandro Di Egidio. Al centro del dibattito le *vertical farms*, efficienti ma indifferenti alle condizioni climatiche di contesto e energeticamente dispendiose. Della tendenza ad una sempre più accentuata tecnologizzazione dell'agricoltura, con tutte le implicazioni del caso, da quelle tecniche a quelle sociologiche e morali, si dà esemplificazione attraverso la descrizione di un progetto concreto: la *Cité Maraichère* a Romainville. Una realtà in cui progresso e innovazione tecnica si fondono con il marketing e l'onnipresente rischio di *greenwashing*.

Controverso anche il rapporto tra contemporaneità e sviluppo tecnologico. Difatti mai come oggi ci si trova di fronte ad una verità scomoda: non solo la società appare del tutto dipendente dall'energia e dalle infrastrutture *tech*, ma l'intero sistema che la definisce è estremamente fragile. Vittoria Silvaggi mette in evidenza come strutture mangia-energia quali i *data center* stiano diventando parte integrante del paesaggio urbano e globale, portando con sé sfide significative in termini di sostenibilità e sicurezza energetica. Questioni da affrontare anche sul piano architettonico, come sembra fare l'architetto João Luís Carrilho da Graça nel progetto di un *data center* a Covilhã in Portogallo.

Per Michele Anelli-Monti l'architettura e i progettisti non possono più ignorare il rischio di collasso ambientale: una riflessione che, dalle suggestioni suggerite da Gwenn Rigal e Werner Herzog e legate alla spazialità quasi-sacra del mondo preistorico, approda alla contemporaneità dell'IBAVI (l'Institut Balear de l'Habitatge). Una realtà spagnola che accoglie le sfide attualissime dell'accessibilità abitativa e della crisi climatica, dimostrando che è possibile combinare l'ecosostenibilità con l'innovazione tecnologica, le tecniche tradizionali e i materiali locali.

Ma la crisi è sempre plurale, come sembra suggerire Sara Ceccoli, la cui riflessione si sposta sul ruolo che la pandemia di Covid-19 ha assunto nel ridefinire il concetto stesso di urbanità. La rigenerazione urbana si fa tema di innegabile urgenza, nell'ottica di una sostenibilità che non si limiti alle questioni, seppur impellenti, dell'ecologismo, ma che investa la sfera più ampia del sociale. Tra gli esempi virtuosi si annoverano iniziative in diverse città europee: Copenhagen, Barcellona, Lione. Progetti urbani di grande respiro che mirano alla definizione di spazi maggiormente inclusivi e sostenibili, nonché in grado di valorizzare il patrimonio esistente e coinvolgere le comunità locali.

Infine, Edoardo Marini indaga la questione, sempre più attuale, dell'emergenza abitativa. Causata da conflitti, violenze, disastri naturali: milioni di persone, ad oggi, sono costrette alla condizione di sfollati. È l'architettura a cercare risposte concrete ad una crisi di grande complessità e lo fa attraverso proposte differenti: dall'autocostruzione all'edilizia modulare e prefabbricata, soluzioni, queste ultime, che da temporanee diventano spesso permanenti. Una ricerca decennale, da Jean Prouvé a Norman Foster, passando per Marco Zanuso e Margarete Schütte-Lihotzky, che sembra interessare, oggi, realtà sempre più varie: dalle architetture galleggianti agli insediamenti lunari, con un'attenzione particolare ai temi della sostenibilità climatica e sociale.

In un mondo attraversato da crisi multiple e interconnesse, l'architettura emerge come un campo di sperimentazione e riflessione fondamentale per affrontare le sfide del nostro tempo. Ogni contributo presente in questa raccolta di saggi propone soluzioni innovative capaci di ridefinire i paradigmi attuali e di immaginare nuovi scenari. Il titolo scelto, ispirato dal celebre testo[2] di Donna J. Haraway, è un richiamo urgente alla necessità di ripensare radicalmente il nostro modo di progettare e abitare il mondo, per rispondere con coraggio alle crisi che caratterizzano il nostro presente: Architetture da un pianeta infetto.

---

[2] Il riferimento è a *Staying with the trouble. Making kin in the Chthulucene* (2016), in italiano pubblicato con il titolo *Chthulucene. Sopravvivere su un pianeta infetto* (trad. it. a cura di Claudia Durastanti, Nero ed. Roma, 2019) della filosofa e docente statunitense Donna J. Haraway, definita "caposcuola della teoria cyborg", una branca del pensiero femminista che studia il rapporto tra scienza e identità di genere.

INTRA-SPECIE

Una progettazione per e con il vivente

Laura Possenti

Sul concetto di biodiversità

Correva l'anno 1988: la giornalista statunitense Laura Tangley[1] coniava il termine *biodiversity*, attraverso l'accostamento delle parole *biological* e *diversity*.

Un concetto apparentemente semplice, ma troppo spesso banalizzato al suo significato più scontato, quello della ricchezza della vita sulla Terra: la varietà di piante, animali e microrganismi che compongono e definiscono la cosiddetta *biosfera*.

Fermarsi alle considerazioni di cui sopra sarebbe tuttavia non solo concettualmente errato, ma anche limitante sul piano accademico: ci si riferirà dunque ad una concezione allargata di biodiversità, che non si limiti agli aspetti strettamente quantitativi del termine, ma ne indaghi anche quelli qualitativo-relazionali; e ancora, che non riduca il concetto all'ambito della biologia, ma ne esamini le radici sociologiche, bio-tecnologiche, umanistiche, in un'ottica olistica della realtà così come delle

---

[1] Il termine "*biodiversity*" comparve per la prima volta in un *paper* della giornalista ed autrice Laura Tangley, risalente al 1985. L'autrice commentava un rapporto presentato al Congresso degli Stati Uniti da undici agenzie federali, nel quale si indagavano strategie per la conservazione della diversità biologica nei paesi in via di sviluppo.

scienze conoscitive.

Una definizione che tenga conto della complessità delle relazioni che intercorrono tra individui di specie vicine o del tutto differenti tra loro, dell'influenza che l'una può esercitare sullo sviluppo e/o sull'arresto di un'altra; che non lasci da parte la natura relazionale e sistemica delle cose vive, radicalmente interconnesse le une con le altre.

Già all'inizio del secolo scorso le teorie del biologo estone Jakob von Uexküll vedevano ogni singolo essere vivente costruttore e narratore di una propria realtà personale, quella *Umwelt*[2] che definiva un vero e proprio mondo percettivo, un universo individuale[3] scaturito dal relazionarsi del soggetto con la realtà che andava a sua volta a costruire.

Non a caso, i concetti di *Umwelt* e biodiversità appaiono strettamente correlati: non solo sul piano relazionale – ogni soggetto, infatti, non potrà che scontrarsi con l'alterità della *Umwelt* di un altro soggetto – ma anche su quello identitario.

Previsioni allarmanti

Gli ultimi decenni sembrano essere caratterizzati da un'accelerazione allarmante nei fenomeni di impoverimento della biodiversità. È universalmente riconosciuta l'interdipendenza esistente tra la cosiddetta crisi climatica – i cui esiti più drammatici comprendono l'innalzamento della temperatura globale e la conseguente desertificazione di ampie porzioni della superficie terrestre – il degrado degli ecosistemi e la perdita di specie innumerevoli (o il crescente rischio di estinzione per troppe altre).

«La questione della biodiversità e quella dei cambiamenti climatici» afferma Sergio Castellari – coordinatore del rapporto dell'AEA *Natu-*

---

[2] Il concetto di "*Umwelt*" fu inizialmente introdotto dal biologo estone Jakob von Uexküll e in seguito indagato dal semiologo ungherese Thomas Sebeok, che, nel suo *Foreword. Contributions to the Doctrine of Signs* (1976), lo definisce «fondamento biologico che sta al centro stesso dello studio sia della comunicazione che della significazione». Secondo le teorie di Uexküll, gli organismi possono avere *umwelten* diversi, anche se condividono lo stesso ambiente.

[3] Cfr. C. Catalano, *Oltre Umano*, 2.2 (VitaNostra edizioni, 2023), p.62. Il concetto di "*Umwelt*" è stato ripreso ed indagato ulteriormente da Claudio Catalano. L'architetto italo-australiano identifica proprio nelle teorie di Jakob von Uexküll una strada verso nuove strategie progettuali, maggiormente consapevoli della diversità biologica.

re-based solutions in Europe – «sono due crisi gemelle che vanno affrontate insieme. Preservare la biodiversità è una parte fondamentale per affrontare i cambiamenti climatici e viceversa».

Stando ad una relazione ONU risalente al 2019, almeno un milione di specie - su di un totale stimato di circa otto milioni – scomparirà nell'arco di una manciata di anni: ci si potrebbe trovare di fronte alla sesta estinzione di massa nella storia del pianeta Terra, con le precedenti ad aver sterminato una percentuale che va tra il sessanta ed il novantacinque per cento di tutte le specie.

Quali le ragioni per cui ad oggi risulti essenziale preservare quanto più possibile la biodiversità è presto detto. La ricchezza della diversità biologica non si traduce esclusivamente in un eco-sistema equilibrato, spiegazione che già di per sé sarebbe più che sufficiente: è la stessa vita umana sulla Terra ad essere garantita dalla sussistenza di un eco-sistema in salute, perché, e vale sempre la pena ribadirlo, l'essere umano non è che un elemento di quella complessità a tratti caotica che è la biosfera. Basti pensare al ruolo fondamentale delle piante, che, attraverso i processi di fotosintesi clorofilliana, ci forniscono l'ossigeno che respiriamo, o quello dei microrganismi che scompongono la materia organica di cui queste ultime andranno a nutrirsi. Le specie impollinatrici risultano indispensabili alla riproduzione e proliferazione della flora – e di conseguenza alle coltivazioni – e ancora, il ciclo dell'acqua è strettamente correlato agli organismi viventi.

Biodiversità, appare ora evidente, significa prima di tutto vita, o possibilità di vita: è la natura intrinsecamente relazionale e dinamica degli eco-sistemi a determinarne le rigidissime regole interne. Nonostante non sia ancora possibile studiare modelli di previsione sofisticati al punto da stabilire le precise conseguenze di un'estinzione di massa, non si sbaglierà nell'affermare che anche solo la perdita di una specie potrebbe avere un impatto considerevole, se non disastroso, su tutte le altre, in una reazione a catena che, una volta innescata, potrebbe farsi incontrollabile. Se prevedere gli sviluppi di una crisi strutturalmente complessa quanto quella bio-climatica non è certo operazione di poco conto, stabilirne le cause risulta quasi scontato.

Per semplicità, si fa coincidere con la prima rivoluzione industriale l'inizio di quel periodo a partire dal quale lo sfruttamento intensivo delle risorse del Pianeta ne ha determinato il degrado progressivo. Eppure, non sono pochi gli intellettuali a ritenere che quello della distruzione della natura sia un problema dell'Antropocene: disboscamento, monocolture intensive, urbanizzazione, inquinamento dell'aria e delle fonti idriche, sono solo alcune delle azioni umane che – ben lontane da quel «toccare il suolo con gentilezza» suggerito dall'architetto australiano Glenn Murcutt – hanno contribuito ad una crisi bio-climatica di tale entità, da non poterne più ignorare gli esiti.

Ed è partendo da questi presupposti che, negli ultimi anni, si è sviluppato il concetto di *Nature-based Solutions*, quelle «soluzioni fornite dalla natura alle sfide che affrontiamo come esseri umani[4]». Dal Green Deal europeo, la Strategia UE per la Biodiversità al 2030, gli innumerevoli progetti ricadenti all'interno dell'iniziativa del New European Bauhaus, innumerevoli sono le proposte, e gli approcci, ad una questione tanto complessa quanto urgente. Ci si porrà dunque una questione fondamentale: qual è il ruolo dell'architettura e degli architetti?

«L'architettura di oggi non ha il senso del futuro», afferma – non senza una certa volontà provocatoria – il regista russo Viktor Kossakovsky, autore della pellicola *Architecton* presentata pochi mesi fa all'edizione del 2024 della Berlinale. Appena trasferitosi da una San Pietroburgo città dell'architettura nel quartiere berlinese di Tempelhof, il cineasta rimase colpito dalla presenza in loco di un grande vuoto urbano. I cittadini, racconta, «hanno deciso di lasciarla vuota, così com'è», perché «se viviamo in una società multiculturale, dobbiamo ricordarci il più spesso possibile che abbiamo la natura proprio davanti ai nostri occhi».

Un «lasciare così com'è» che tuttavia si discosta sin da subito dal «non fare nulla», per assumere la forza rivoluzionaria – e politica – dell'azione.

Agire, anzi intra-agire, come suggeriva la fisica americana Karen

---

[4] Con la crescente consapevolezza del ruolo che può svolgere la natura nell'ambito della crisi bioclimatica, termini quali *"Nature-based Solutions"* (in italiano con "soluzioni basate sulla natura") stanno diventando sempre più popolari. Come si legge sul sito della IPCC: «Il fascino delle *Nature-based Solutions* (NbS) deriva dalla loro multifunzionalità: si tratta infatti di soluzioni che forniscono molteplici benefici ambientali, sociali ed economici, intrecciando la riduzione del rischio di disastri, la mitigazione e l'adattamento ai cambiamenti climatici, con il ripristino e la protezione della biodiversità e degli ecosistemi». Nel testo si cita la definizione di NBS data da Cecil Konijnendijk, ricercatrice neerlandese e direttrice del *Nature Based Solutions Institute* dell'Università della British Columbia.

Barad[5], perché un'interazione implicherebbe una relazione tra due entità separate: uomo/architetto e natura. Intra-agire, dunque, sembra essere il ruolo dell'architetto in un contesto in cui l'azione umana non deve e non può più farsi antagonista della natura, né tantomeno negarvisi.

Design inspired by nature

A partire dagli anni Novanta del secolo scorso emerge una nuova concezione del progetto, un approccio in prima battuta metodologico-operativo, focalizzato non tanto sulla forma quale risultato definitivo di un'attenta ricerca teorica, quanto piuttosto sul continuo differenziarsi della materia nel suo divenire[6]. Processo non è solo l'atto del progettare, ma il progetto stesso, la cui morfogenesi – più che morfologia – sembra assumere quel carattere caotico, ma intrinsecamente coerente, della materia viva.

Se la filosofia della piega di Gilles Deleuze appare fondamento teorico indispensabile allo sviluppo di una visione progettuale-operativa sostanzialmente nuova, non ci si potrà esimere dal riconoscere come siano state le grandi novità in ambito tecnologico a determinarne il successo.

Ne scaturisce una visione della realtà, oltre che del progetto, del tutto inedita nel mondo dell'architettura, se non se ne vuole individuare una matrice nella spazialità fluido-dinamica del Barocco. Una realtà complessa, in continua evoluzione, sostanzialmente vitale: la vita erompe da e trasforma le condizioni materiali. Una realtà intra-attiva, intra-connessa, ultra-dimensionale e temporalizzata, in cui l'architettura non sia fatta di oggetti definiti – e definitivi – ma si sviluppi all'interno di relazioni intra-dinamiche, si trasformi, possa evolvere.

Dal mondo naturale si attinge al di là di ogni suggestione di tipo estetico-formale, al di là anche di fascinazioni di stampo simbolico: l'approccio è primariamente scientifico, ed il fine quello di instaurare un rapporto tra la biologia – nei suoi aspetti processuali e dinamici – ed il progetto d'architettura. Affermava Janine Benyus nel suo testo del 2017

---

[5] Cfr. Barad, K. 2017. *Performatività della natura – quanto e queer*. Pisa: ETS edizioni.
[6] Cfr. Grosz, E. 2007. "Deleuze, Bergson and the concept of Life", in *Revue Internationale de Philosophie*, n. 241. Come citato in Gregory, Paola. 2010. *Teorie di architettura contemporanea. Percorsi del Postmodernismo*. Roma: Carocci Editore. p. 184.

Biomimicry: innovation inspired by nature che il processo di progettazione biomimetica, di natura analogica, si basi su di un'associazione di «relazioni simili tra parametri» che metta in comunicazione i sistemi biologici e quelli tecnologici[7].

Quest'architettura ispirata alla natura – intesa, dunque, nella sua accezione processuale-relazionale più che estetico-formale – trova negli olandesi Ben van Berkel e Caroline Bos due dei suoi più affascinanti interpreti. Riuniti sotto il nome di UN/Studio, van Berkel e Bos concepiscono il manimal, un diagramma astratto nato dal morphing di creature viventi diverse – un leone, un serpente ed un uomo, un ibrido la cui natura chimerica si traduce nell'impossibilità di comprenderne l'origine. Ma il *morphing* non si limita a farsi metafora di un'architettura aperta a quella complessità sociale, culturale, biologica che caratterizza il Contemporaneo: è strumento di progetto, visione sistemica site-specific, ibridazione funzionale anti-gerarchica[8]. Come nel caso del ponte Erasmus di Rotterdam, che trasforma in icona il caos e l'instabilità dei flussi urbani.

L'artefatto diventa sistema vivente, dotato di una propria coerenza interna, adattativa, quasi di una propria *Umwelt*, come nei paesaggi epigenetici dalle *Embriologic Houses* di Greg Lynn, sintesi estrema di un approccio *inspired by nature*.

Nature inspired by design

Se le architetture degli anni Novanta ricercavano nella natura i propri modelli di definizione e di sviluppo, nei decenni subito successivi si sono indagati approcci ancora differenti. È di nuovo l'innovazione tecnologica – dagli ambiti del design computazionale alla biologia sintetica – ad aver permesso la formulazione di ipotesi sempre più audaci: e se

---

[7] Sul tema del *Biomimicry*, tanto è stato scritto negli ultimi anni. Un approfondimento sintetico ma ancora esaustivo è una pubblicazione, facilmente scaricabile online: Chayaamor-Heil, Natasha. Vitalis, Louis (a cura di). 2020. "Biology and architecture: An ongoing hybridization of scientific knowledge and design practice by six architectural offices in France", *Frontiers of Architectural Research*. vol.10. (2): pp. 240-262. https://doi.org/10.1016/j.foar.2020.10.002.

[8] Per un approfondimento, vedasi: Gregory, Paola. 2010. *Teorie di architettura contemporanea. Percorsi del Postmodernismo*. Roma: Carocci Editore. p. 209.

fosse possibile creare strutture che – al posto di imitare la vita – siano vive esse stesse? Se il ruolo del designer fosse quello di creare un ambiente, non improvvisi, infondere la vita negli oggetti, definire un'ecologia multimateriale[9]?

Questioni centrali nell'opera dell'architetta israelo-americana Neri Oxman, che - dalla piccola alla grande scala, dalla fashion, al design industriale, all'architettura – accoglie una concezione del progetto che va oltre la ricerca processuale, e i cui obiettivi non si esauriscono nel design interspecie.

Se ancora risulta difficile concepire una progettazione che accolga in sé la complessità della biosfera, la sua biodiversità strutturale, e che si ponga criticamente di fronte alle necessità di un'utenza non umana, stupirà ancor di più quanto Oxman si prefigge di fare: progettare non solo *per*, ma anche *con*, altre specie. Dopotutto, nell'ottica dell'architetta, l'evoluzione stessa potrebbe essere accelerata dal design, come nel caso di Mushtari, un materiale biosintetico multifunzionale e fotosintetico, nato dalla simbiosi tra due batteri che non si incontrerebbero spontaneamente in natura: l'Escherichia Coli, presente nel sistema digerente di mammiferi e uccelli, e i cianobatteri, il cui habitat è l'ambiente marino o lacustre. La sua superficie varia la propria funzione non per aggiunta di un ulteriore strato materiale o di un altro elemento, bensì attraverso l'alterazione continua ed impercettibile delle proprie caratteristiche epigenetiche.

Ma gli esempi di collaborazione intra-specie sono ad oggi innumerevoli: si pensi alle sedie albero prodotte a livello industriale dall'azienda Full Grown – e presentate di recente nell'esposizione *Garden Futures: Designing with Nature* al Vitra Design Museum, o, ancora, alla *Mycelium Chair* progettata dallo studio Klarenbeek & Dros, stampata in 3D con delle particelle viventi di micelio.

Il progetto intra-specie non si nega nemmeno alla dimensione urbana, in un'ottica inter-scalare fortemente dinamica, la cui ambizione, sapientemente sintetizzata dal duo italiano EcoLogic Studio, è quella di restituire all'ecologia quel carattere estetico-artistico, oltre che socio-ambientale, che dovrebbe esserle proprio. In oltre un decennio di esperienza, il duo – di base a Londra – ha sviluppato sistemi multi-scalari, appli-

---

[9] Per approfondire si consiglia: TED. 2015. "Design at the Intersection of Technology and Biology | Neri Oxman | TED Talks". Video YouTube, 29 ottobre 2015. https://www.youtube.com/watch?v=CVa_IZVzUoc

cabili ad interni domestici così come spazi pubblici, ma «attualmente la nostra ricerca si sposta alla scala urbana, per capire come progettare vere e proprie infrastrutture decentralizzate, che possono avere un impatto importante sulla città[10]».

Esemplificativo è il loro progetto *Urban Algae Folly*, che associa intelligenza artificiale e biologica, integrando alle architetture delle microalghe viventi, in grado di metabolizzare l'anidride carbonica e l'inquinamento urbano. Le microalghe - raccontano Claudia Pasquero e Marco Poletto - sono un materiale di progetto: non sono solo esseri viventi, ma organismi la cui intelligenza biologica può interagire con i sistemi tecnologici e architettonici di un edificio, vera e propria materia attiva[11]. La messa a sistema di soluzioni di questa natura – all'interno di infrastrutture intra-specie, aprirebbe la società verso nuove frontiere dell'urbano e dell'urbanità.

Terreform One e Fab Tree, struttura vivente multispecie

Co-fondato da Mitchell Joachim, un ricercatore del MIT, e dalla collega Maria Aiolova, dell'università di Harvard, il gruppo di ricerca Terreform One nasceva, nell'ormai lontano maggio del 2006, in risposta alla sempre più allarmante crisi bio-climatica, prefiggendosi come obiettivo la ricerca negli ambiti dell'architettura e della biotecnologia.

Il nome stesso del gruppo si rifà alla combinazione delle parole: "terre" (terra, suolo) e "reform" (ricostruire, ri-formare), ma non nell'accezione originaria del termine, quella della *Terraforma* dell'ingegneria planetaria – che sembra suggerire la ricerca di un pianeta "altrove", dove ricostruire una copia artificiosa delle condizioni ambientali terrestri. Il significato dell'espressione è piuttosto da ricercare nella volontà di agire qui ed ora, senza mai negarsi all'azione - nonostante la soluzione apparentemente più semplice sarebbe quella di non fare proprio niente. Quell'azione, tradotta in atti di progettazione pionieristici, finalizzata, primariamente, a combattere l'estinzione delle specie planetarie e definire una nuova concezione di habitat urbano.

Carattere costituzionale dell'architettura – o, forse, sarebbe meglio

---

[10] Spagnolello, Rosario. 2020. "EcoLogic Studio: exploring the aesthetic value of ecology", Intervista a Marco Poletto e Claudia Pasquero. *Elle Decor*, Maggio 2020.
[11] *Ibidem*.

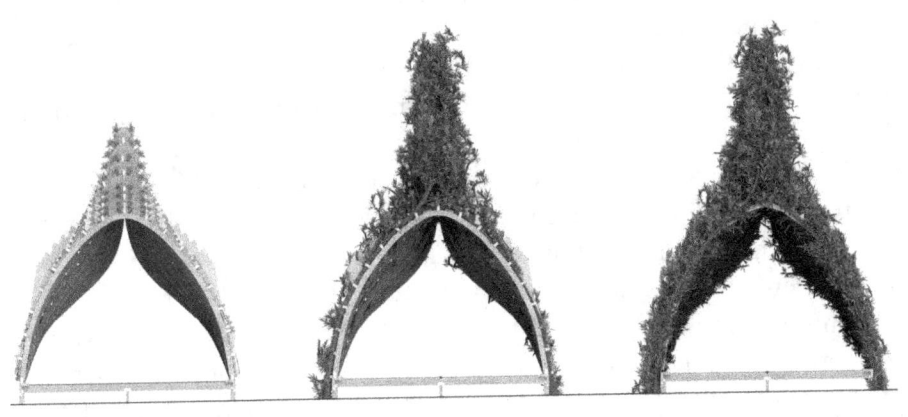

Diagramma di crescita della struttura_albero Fab Tree Hab, New York (USA).
Terreform One, 2006.
Per gentile concessione di Terreform One.

dire della maggioranza delle architetture – è la permanenza. Un edificio, a maggior ragione se costruito in materiali durevoli e massivi come la pietra, tenderà a mantenere, nell'arco della propria esistenza e al netto dei fenomeni di degrado, sempre lo stesso aspetto. Nonostante le sperimentazioni a riguardo siano in numero sempre crescente, risulta ancora difficile, se non addirittura bizzarro, figurarsi un'architettura che non solo cambi aspetto nel corso dei decenni, ma che presenti anche diverse facce in relazione alla stagione e al clima in cui si ritrovi a vivere. Un'architettura, come si è detto qui sopra, che sia materia vivente stessa – che possa crescere, interagire con l'ambiente che la ospita, reagire alle sue mutevoli condizioni, appassire, finanche morire.

Erano i primi anni Duemila quando i giovani ricercatori di Terreform One piantarono, in una foresta a nord della città di New York, il seme per un vero e proprio edificio. Il progetto si sviluppava all'interno del concorso *Habitat for Humanity*, i cui partecipanti si proponevano di sperimentare nuovi approcci alla sub-urbanità.

Nasceva così *Fab Tree Hab*, primo nel suo genere – una vera e propria barriera corallina terrestre il cui concept combina antiche tecniche indigene – si pensi ai ponti di radici del Maghalaya, nell'India nord-orientale – con le tecnologie proprie del mondo contemporaneo, quali impalcature ad arco in legno lamellare a strati incrociati (CLT), progettate attraverso il design computazionale.

Aggrovigliati a queste ultime, crescono salici bianchi ripiantati, alberi provenienti da una fattoria di biomassa locale, alti trenta piedi e le cui caratteristiche rendono più semplice l'operazione di piegatura e manipolazione della forma: negli anni saranno questi ad andare a costituire la maglia strutturale dell'edificio. Ma l'architettura non si limita ad un telaio di legno vivo: negli interstizi tra un'impalcatura e l'altra sono stati posti elementi di materiali differenti – dal legno di cedro alla bioplastica stampata in 3D, fino alle fibre di iuta lavorate a mano all'uncinetto. Tutti componenti trattati con cera d'api e colofonia di pino per prevenire la decomposizione – ad ospitare piante e specie animali tra le più svariate. Una grande piattaforma lignea, posta a sorreggere la struttura portante dell'impalcatura, funge invece da solaio, ed ospita attività di didattica, ricerca, o relax. Gli stessi elementi di fondazione presentano quantità irrisorie di calcestruzzo.

Rifugio per la fauna selvatica, habitat multispecie che ospita numerose varietà di insetti impollinatori e piante locali, la struttura si profila

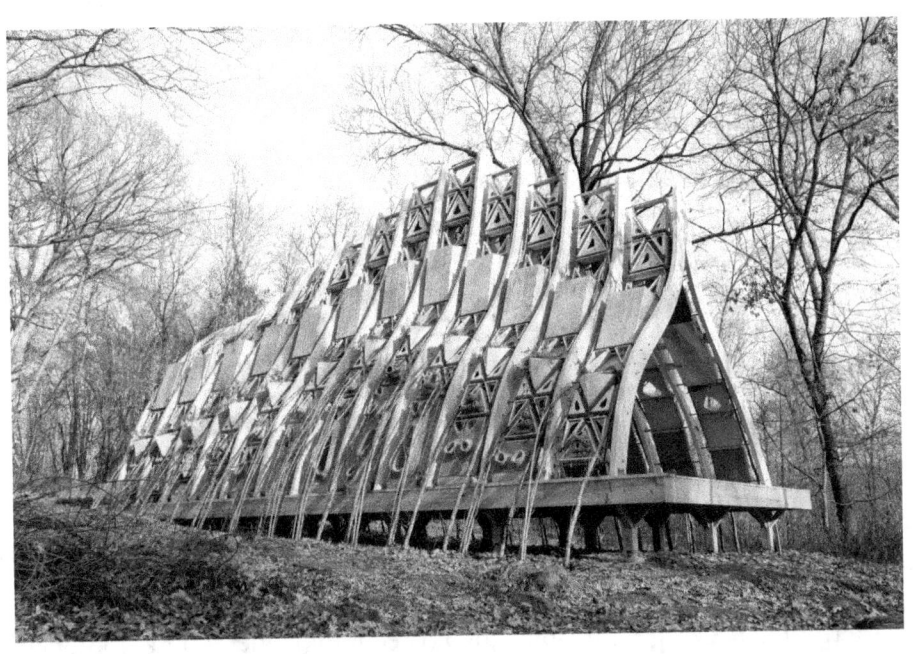

La struttura-albero Fab Tree Hab nella fase iniziale, New York (USA).
Terreform One, 2006.
Per gentile concessione di Terreform One.

come oggetto – o per meglio dire soggetto – perfettamente integrato nel proprio ambiente: un ambiente che abita e dal quale si fa abitare, del quale si fa estensione vitale. L'obiettivo, infatti, non era semplicemente quello di realizzare un'architettura sostenibile – piuttosto, progettare un paradigma architettonico non antropocentrico basato sulla co-creazione con l'ambiente[12], la cui logica superi quella degli ZEB – per contribuire attivamente, adattativamente e positivamente al miglioramento delle condizioni del proprio ecosistema.

Se si può dire che i principali clienti del *Fab Tree Hab* siano animali, piante e microrganismi, non si dovrà tuttavia compiere l'errore di sottovalutare l'impatto positivo che un'operazione di questa natura possa avere sull'uomo, soprattutto sul cittadino della grande metropoli.

Se ad oggi il complesso di *Fab Tree Hab* presenta ancora la connotazione della sperimentazione, la speranza è quella di poter integrare, in un futuro vicino, habitat multi-specie alla realtà urbana. Vere e proprie infrastrutture biologiche che attraversino la città con gentilezza – senza cedere a quel carattere utopico-utopistico che ne sancirebbe il fallimento.

Da un approccio eco-sistemico ad uno multi-sistemico-connessionista

È forse quello del francese François Roche l'esempio più significativo ed emblematico di un'architettura dal carattere rivoluzionario - a tratti al limite del visionario - il cui fondamento va ricercato in un approccio non tanto eco-sistemico, quanto multi-sistemico connessionista e fortemente multidisciplinare.

Figura per certi versi inafferrabile, l'architetto parigino, di stanza a Bangkok, affronta da quasi tre decenni la complessità del progetto d'architettura nei paesaggi informatico-bio-tecnologici del Contemporaneo.

Centrale nella sua linea di ricerca teorico-progettuale è un orientamento multidirezionale, una tensione all'ibridazione disciplinare, che aspiri alla sintesi di più mondi solo apparentemente contrapposti.

Un primo, quello di una sostenibilità che non vada a discapito degli aspetti estetico-formali; un secondo, quello della bio-informatica e dei modelli matematici, sia sul versante della programmabilità che su quelli

---

[12] Sono gli stessi architetti e ricercatori di Terreform One a raccontare il progetto e i suoi obiettivi, sul sito web del gruppo.

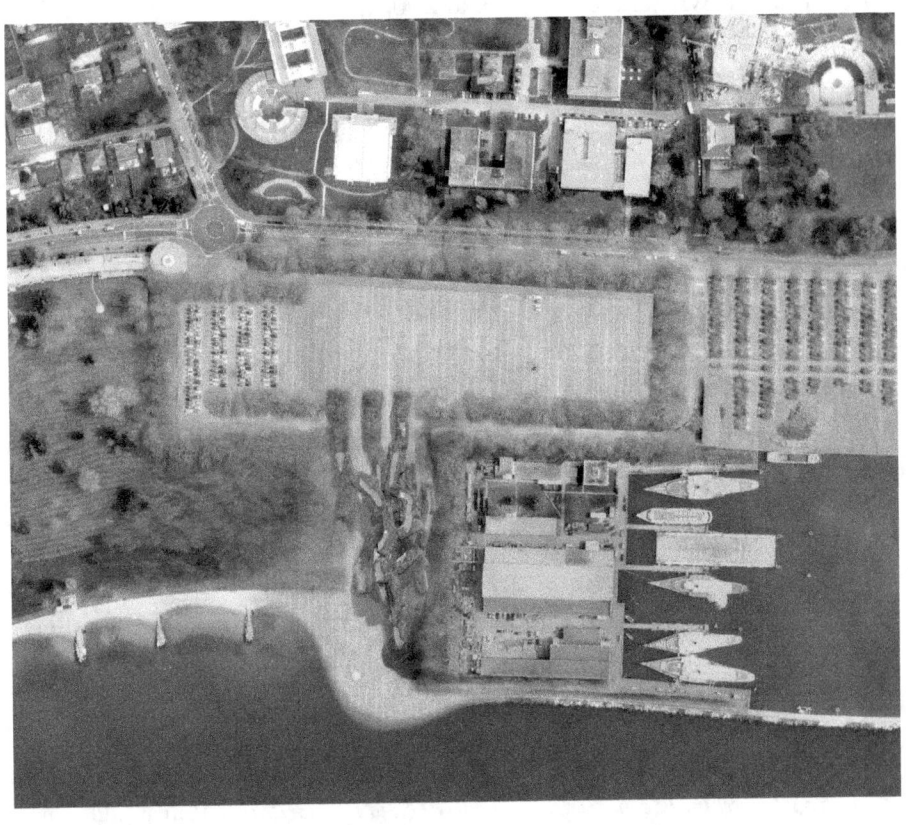

Impianto planimetrico del Green Gorgon, progetto per il Nouveau Musée des Beaux-Arts, Losanna (Svizzera), New Territories, 2005.
Per gentile concessione di New Territories.

dell'interattività[13]; un terzo, legato alle scienze cognitive e al concetto di *embodied*, secondo il quale la mente, e quindi la cognizione non sono mai separate dal fatto di risiedere in un corpo e di essere situate in un ambiente[14].

Progettare, per Roche, non significa solo creare edifici nello spazio pubblico, ma anche dibattiti: ne scaturisce un'architettura sostanzialmente simbolica, evocativa, comunicativa, che non si limiti, tuttavia, alla trasmissione di messaggi, ma la cui ambivalenza abbracci i significati di interrelazione ed informazione. Ancora, un'architettura sistemica – o multi-sistemica – al contempo materiale ed impalpabile, analogica e digitale, umana e oltre-umana, dinamica, vivente.

Come nel caso del progetto *Green Gorgon*, presentato – con il gruppo New Territories - al concorso per il Nouveau Musée des Beaux-Arts a Losanna, in Svizzera, e risalente al 2005.

Da programma, il museo – a metà strada tra un gabinetto di curiosità e un *freak museum*[15]- avrebbe ospitato una collezione particolarmente eterogenea, in cui l'arte contemporanea si sarebbe infiltrata quasi per errore.

Sito di progetto il lungolago di Losanna, un'area già fortemente antropizzata identificata dai progettisti come biotipo lacustre, ma anche falso naturale, in un'ottica ecologico-scientifica più che paesaggistica. Nato da suggestioni tra le più svariate – il riflesso, sulla superficie ondulata dell'acqua, delle fronde nodose delle alberature, i capelli color rame dell'Ophelia dei Preraffaelliti, i labirinti oscuri delle fiabe infantili – il progetto si configura come luogo di incontro di nature plurali, eterogenee. Scenario confuso, ibrido, dove il selvaggio, l'urbanizzato e l'artificiale convergono e si interlacciano gli uni con gli altri.

La strategia adottata da New Territories è autoproclamata eterotopica: il museo è un'architettura labirintica, in cui ci si perde – o ci si lascia perdere. Una struttura tridimensionalmente definita da parallelepipedi assemblati senza un'apparente logica, che se ne analizzi il disegno

---

[13] Cfr. Di Raimo, Antonino. 2014. "Prefazione a cura di Antonino Saggio", in *François Roche. Eresie macchiniche e architetture viventi di New Territories.com*. Roma: Edilstampa.
[14] Cfr., Raimo, Antonino. 2014. "Radicare le informazioni in un contesto", in *François Roche. Eresie macchiniche e architetture viventi di New Territories.com*. Roma: Edilstampa.
[15] Lo stesso François Roche lo affermava in un'intervista risalente al 2017: «Architectu-

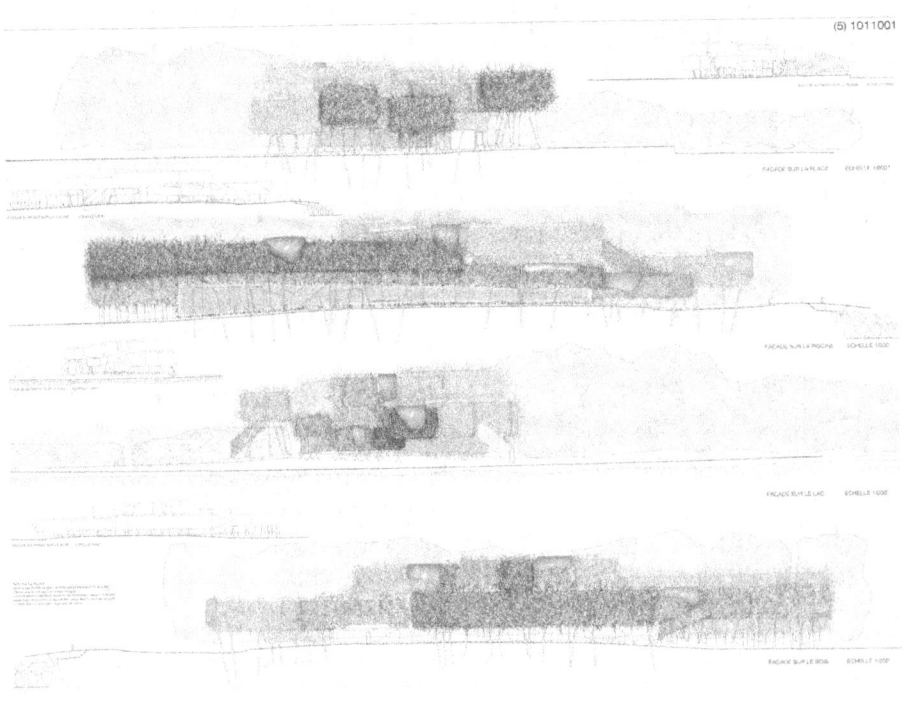

Disegni progettuali GREEN GORGON, progetto per il Nouveau Musée des Beaux-Arts, Losanna (Svizzera), New Territories, 2005.
Per gentile concessione di New Territories.

in pianta o in sezione.

Una geometria nodosa[16] le cui braccia si sviluppano lungo direzioni plurime, longitudinali, a formare una sorta di rete di percorsi rizomatici. La creatura di Roche e dei New Territories sembra così quasi rimandare ad un letto di corallo, un insetto fasmida dagli arti allungati, mimetizzato con il contesto a tal punto da scomparire, dis-apparire. Del tutto negata è la chiarezza geometrica e visiva del *Panopticon* benthamiano, luogo di controllo le cui logiche furono a lungo indagate dal filosofo francese Michel Foucault, e che Roche non dimentica di citare. Affermata è invece la vaghezza, l'ibridazione spaziale, come a rimarcare l'eterogeneità della collezione esposta nelle sale del museo.

Ma è attraverso le tecnologie informatiche che l'edificio diventa elemento attivo della comunità biologica contestuale: entro le maglie epidermiche della struttura si stabilisce la coesistenza tra specie diverse, vegetali, animali, fino a quelle artificiali. La geografia di questa pelle è definita tramite procedimenti algoritmici – nello specifico diagrammi di Voronoi, un particolare tipo di decomposizione di uno spazio metrico. Nel mezzo di ogni regione, individuata attraverso la tassellatura, sono estruse delle pipette microforate, elementi in grado di coadiuvare l'insediamento di piccoli insetti e la crescita della flora. Quest'ultima, a sua volta, avrà un ruolo fondamentale nel riciclo e purificazione delle acque reflue.

Come appare sempre più chiaro, l'edificio si fa partecipe e compartecipe dell'eco-sistema locale, andando a definire un vero e proprio multisistema cui è *hyper-radicato*[17], e di cui gli stessi visitatori – muniti di un dispositivo GPS per muovervisi all'interno - entrano a far parte.

Un'architettura, per concludere, in grado di orchestrarsi, non senza un tocco di follia, all'interno di un sistema dalla complessità sconcertante, e che segue quel *fil rouge*, tra architettura, biologia ed informatica, sempre più centrale nell'indagine progettuale del Contemporaneo.

---

re doesn't mean only to create buildings in the public space, but also to create debate in public space, through building and/or attitudes able to make a building».
[16] Cfr. Di Raimo, Antonino. "Radicare le informazioni in un contesto", in *François Roche. Eresie macchiniche e architetture viventi di New Territories.com*. Roma: EdilStampa.
[17] Ivi, p. 33.

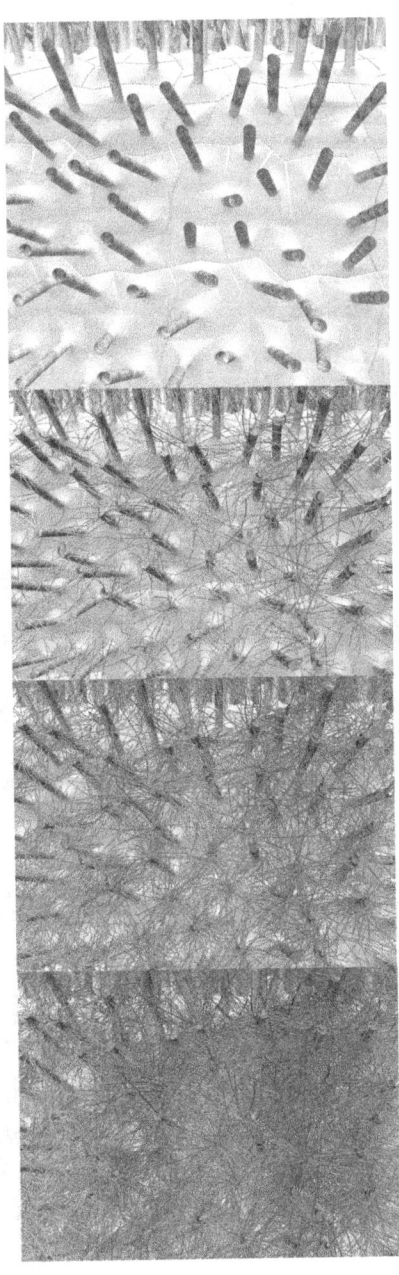

Dettaglio delle pipette microforate estruse, per tassellatura, lungo la pelle della struttura del GREEN GORGON, progetto per il Nouveau Musée des Beaux-Arts, Losanna (Svizzera), New Territories, 2005.
Per gentile concessione di New Territories.

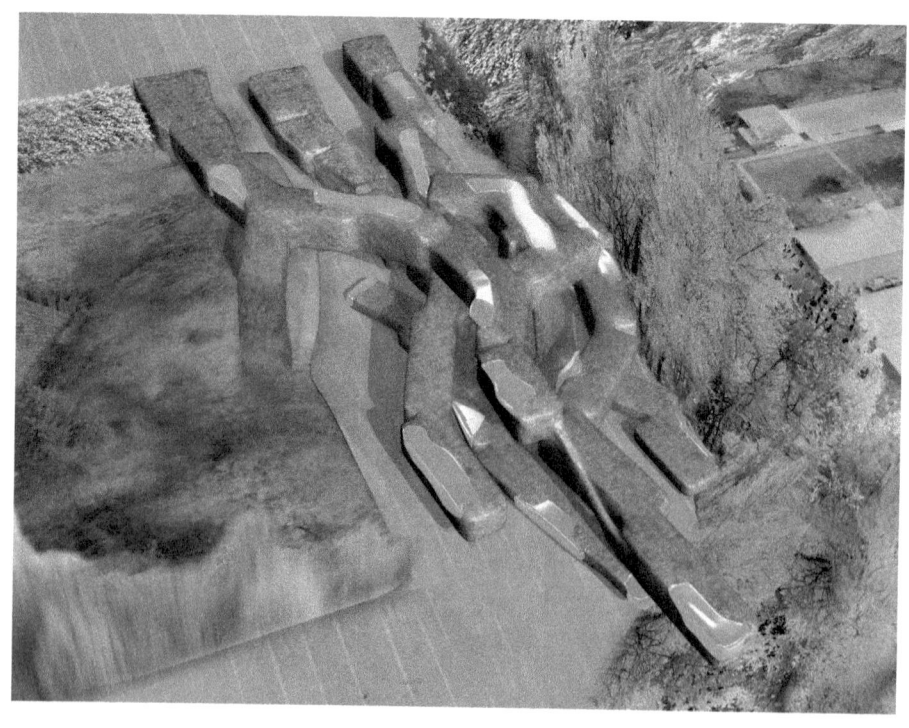

Render della struttura del GREEN GORGON, progetto per il Nouveau Musée des Beaux-Arts, Losanna (Svizzera), New Territories, 2005.
Per gentile concessione di New Territories.

Bibliografia

Catalano, Claudio. 2023 - *Oltre Umano. Per un'architettura del vivente.* Roma: Vita Nostra edizioni.

Barard, Karen. 2017 - *Performatività della natura – quanto e queer.* Pisa: ETS edizioni.

Benyus, Janine. 1997 - *Biomimicry: innovation inspired by nature.* New York: Morrow.

Di Raimo, Antonino. 2014 - *François Roche. Eresie macchiniche e architetture viventi di New Territories.com.* Roma: EdilStampa.

Gregory Paola. 2001 - *Teorie di architettura contemporanea. Percorsi del Postmodernismo.* Roma: Carocci Editore.

Atmosfere costruite in un pianeta infetto

Gianmichele De Sario

A partire dagli anni Novanta con il Summit della Terra di Rio del 1992, è emersa la responsabilità antropica nei confronti del riscaldamento globale e della crisi ecologica, cominciata con i primi anni dell'era industriale quando le prime fabbriche a carbone hanno iniziato a emettere gas serra.

Le emissioni hanno mutato sensibilmente gli ecosistemi terrestri, modificando l'atmosfera e la distribuzione dei climi, con conseguenti alterazioni degli equilibri naturali su scala globale. Dato l'ampio impatto di queste alterazioni chimiche, fisiche e biologiche che influenzano sia l'atmosfera che la litosfera, alcuni scienziati hanno cominciato a parlare di un cambiamento di epoca geologica, coniando il termine Antropocene[1], una nuova era che sostituisce l'Olocene nella successione delle ere geologiche.

Le cause di questo cambiamento epocale non sarebbero più naturali, come avvenuto con il passaggio dal Pleistocene all'Olocene, ma umane, attraverso l'emissione di CO_2 dovuta all'uso di energia fossile, alla deforestazione e ad altre attività umane.

A partire dal vertice di Rio, la lotta per limitare le emissioni di gas

---

[1] Definizione contenuta in Steffen, Will; Crutzen, Paul J.; McNeill, John R. 2007, "The Anthropocene: Are Humans Now Overwhelming the Great Forces of Nature?" in *Ambio*, vol.36, 8; Sciences Module, pp. 614-621.

serra è diventata una priorità mondiale su cui si impegnano a legiferare le grandi conferenze come la COP 21 a Parigi nel 2015 o la COP 28 a Dubai nel 2023 (Rahm 2023, 11-15).

In questo scenario di crisi l'essere umano non può più essere soltanto un osservatore distaccato, ma deve relazionarsi responsabilmente con l'ambiente per imparare a «sopravvivere su un pianeta infetto», come afferma la filosofa e biologa statunitense Donna J. Haraway.

«Restare a contatto con il problema richiede la capacità di generare parentele di natura imprevista. Questo significa aprirsi a collaborazioni e combinazioni inaspettate[...]. Con-diveniamo insieme, gli uni con gli altri, oppure non diveniamo affatto» (Haraway 2019, 18).

Haraway introduce il termine *Chthulucene*[2] per descrivere il presente in cui stiamo vivendo, ritenendo insufficiente la definizione di Antropocene in quanto non rende conto della complessità eterogenea del mondo. «Chthulucene invece richiama le concatenazioni tra umano, altro da umano e la generatività rischiosa dei processi simpoietici[3]».

La filosofa americana si schiera contro due risposte evocate spesso davanti alla crisi climatica. La prima è la fede assoluta nella tecnologia riparatrice, la seconda è la posizione disfattista secondo la quale è ormai tutto compromesso ed è inutile cercare di migliorare lo stato delle cose (Haraway 2019, 13).

Secondo Haraway la direzione da intraprendere è quella di superare i dualismi che hanno caratterizzato la cultura fino al giorno d'oggi, generando parentele anche tra categorie apparentemente inconciliabili come naturale-umano-digitale.

Infatti in *Manifesto Cyborg* afferma «la dicotomia tra mente e corpo, animale e umano, organismo e macchina, pubblico e privato, natura e cultura, uomini e donne, primitivo e civilizzato, sono tutte messe ideologicamente in discussione» (Haraway 2022, 59).

Espone a questo riguardo il concetto di *cyborg* per dimostrare come sia già ben radicata nel nostro quotidiano l'interazione tra natura, cultura e tecnologia tramite l'utilizzo, ad esempio, di protesi, bypass e tecniche di riproduzione assistita, esprimendo quello che in *The Companion Species*

---

[2] Parola composta da due radici greche (khthôn e kainos) che insieme definiscono una tipologia di tempo-spazio.
[3] Timeto, Federica. 2019. "Dizionario per lo Chthulucene". *Not.* ultima modif. 24 Settembre 2019. https://not.neroeditions.com/archive/dizionario-lo-chthulucene/

Manifesto definisce "*natureculture*": una condizione in cui la natura e la cultura non sono considerate come entità separate e contrapposte ma come intrecciate in un continuum inestricabile (Haraway 2003).

"*Natureculture*" rappresenta quindi un'interfaccia dinamica e co-costitutiva tra umani e non umani, tra organismi viventi e artefatti culturali, che si influenzano e si definiscono reciprocamente.

Nel contesto dato dalla crisi ambientale dovuta al cambiamento climatico, Selenia Marinelli introduce la nozione di *Natura+*, «intesa come una nuova prospettiva da cui guardare alla natura come frutto dell'interazione dinamica tra biosfera e tecnosfera, che ci ha portati ad affermare come la bio-tecno-sfera sia il modello rappresentativo più vicino alla realtà attuale del nostro pianeta» (Marinelli 2020, 55).

La biotecnologia può dunque essere vista come una "terza natura", dove le forme di vita vengono alterate geneticamente per generarne di nuove, sintetiche e potenziate. In questa prospettiva la presenza umana non è intrinsecamente considerata deleteria nei confronti della natura, anzi, in una dimensione di co-evoluzione e co-costruzione con quest'ultima, il soggetto antropico può agire come catalizzatore di processi eco-simbiotici. Proponendo in questo modo la possibilità di integrare la fusione naturacultura all'interno della progettazione architettonica e urbana (Marinelli 2020, 66) si può costituire in un nuovo paradigma positivo generato dalla crisi degli equilibri ambientali.

Dato questo scenario è possibile rintracciare un filone di ricerca artistico e architettonico, riferibile ai lavori di Neri Oxman, Alexandra-Daisy Ginsberg, Olafur Eliasson e Philippe Rahm, che opera in una direzione di convergenza tra il "tecnologico" e il "naturale", puntando alla progettazione di strumenti che fungano da interfaccia tra ambiente, tecnologia e organismi (Marinelli 2020, 145).

Da un lato i lavori di Oxman e Ginsberg operano attraverso assemblaggi di natura organica e inorganica, promuovendo una nuova forma di design che opera come interfaccia di cooperazione tra soggetti ibridi tecnoecologici (Marinelli 2020, 81), dall'altro Eliasson e Rahm utilizzano l'atmosfera e il clima come mezzi estetici per evidenziare la necessità di una partecipazione attiva dell'uomo nei processi ambientali (Marinelli 2020, 147).

---

[4] Nome coniato da Neri Oxman per definire la sua disciplina di ricerca.

Neri Oxman, con la sua *Material Ecology*[4], ha sviluppato con il gruppo Mediated Matters presso l'MIT Media Lab, una ricerca che unisce design computazionale, fabbricazione digitale e biologia sintetica per una nuova forma di design organico che mira ad «ingegnerizzare la natura».

Il *Silk Pavillion* del 2013, a cui è seguita una nuova versione nel 2020, esplora la relazione tra costruzione digitale e biologica, sviluppando un metodo che unisce un filato biologico con una tessitura robotica.

Il padiglione assume la forma di una cupola larga tre metri, la cui struttura è composta da ventisei pannelli poligonali filettati in seta, disposti da una macchina a controllo numerico, costruita in tre settimane con un campione di seimilacinquecento bachi da seta vivi assistiti da un braccio robotico.

Studiando come le condizioni spaziali e ambientali influenzano l'azione di filatura, Oxman e il suo team hanno fatto in modo che, come una «biologica stampante 3D multi-assiale», i bachi da seta filassero superfici bidimensionali piuttosto che bozzoli tridimensionali.

La seta viene tradizionalmente raccolta facendo bollire le larve vive nei loro bozzoli in modo da estrarre il filo di seta, in questo caso invece i bachi rimangono vivi in un processo di co-creazione tra bachi da seta, esseri umani e componenti robotiche (Oxman et al. 2014, 248-255).

Un altro progetto di Oxman in linea con le questioni affrontate è il *Synthetic Apiary* del 2016, un ambiente controllato che attraverso la progettazione della luce, dell'umidità e della temperatura, simula un clima primaverile perpetuo in cui le api mellifere stagionali possano prosperare tutto l'anno.

Il fine di questo progetto è da un lato la mitigazione dello spopolamento delle api a causa del cambiamento climatico, dall'altro lo studio dell'architettura degli alveari e le capacità di costruzione delle api[5].

Analogo al lavoro di Oxman è quello di Alexandra-Daisy Ginsberg, artista multidisciplinare con una formazione architettonica e un PhD in *Design and Synthetic Biology*. All'interno del programma *General Ecology* sviluppato dalla *Serpentine Gallery* di Londra, Ginsberg realizza l'opera *Pollinator Pathmaker* (2023), un giardino pensato per le specie impollinatrici, progettato tramite un'intelligenza artificiale ma piantato e curato

---

[5] Oxman, Neri. n.d. "Synthetic Apiary I". oxman.com. Ultima cons. 13 aprile 2024. https://oxman.com/projects/synthetic-apiary

dall'uomo, con lo scopo di evidenziare l'importanza del ruolo degli impollinatori all'interno dell'ecosistema globale, senza i quali molte piante non possono produrre semi e riprodursi.

Quest'opera rende esplicita l'appartenenza all'organismo-Terra degli esseri umani che curano il giardino, delle specie impollinatrici che lo fruiscono, delle specie vegetali che ne beneficiano, a cui si aggiunge, in ultima istanza, l'organismo digitale che la progetta[6].

Nel progetto *Designing for the Sixth Extinction* (2015), Ginsberg indaga il potenziale impatto della biologia sintetica sulla biodiversità e sulla conservazione. In questo caso progetta delle specie artificiali che fungono da macchine ecologiche, con il fine di compensare la perdita di biodiversità e offrire una nuova protezione contro specie invasive, malattie e inquinamento.

Tra questi dispositivi vi è l'*Unità Mobile di Biorimediazione* che opera a livello del suolo per monitorare e contrastare l'acidità causata dall'inquinamento atmosferico. Questo dispositivo diffonde un fluido alcalino sulla superficie inferiore e utilizza sensori che cambiano colore sulla superficie superiore per segnalare le zone con pH acido. Il *Dispersore Autonomo di Semi* è un brevetto di biologia sintetica che raccoglie e disperde semi di specie vegetali locali. Le *Membrane Autogonfiabili Antipatogene*, invece, sono dei dispositivi biologici sintetici utilizzati per trattare l'infezione che causa la morte improvvisa della quercia[7].

L'approccio di Ginsberg alla crisi bioclimatica, oltre ad essere in linea con i concetti di *natureculture* e di *cyborg* di Donna Haraway, sintetizza quella visione non-conservativa nei confronti della natura, in cui il design, la tecnologia e gli esseri viventi collaborano «generando parentele» per una nuova forma di biodiversità.

Il lavoro di Olafur Eliasson è invece fortemente influenzato dagli elementi meteorologici e le sue grandi installazioni presentano spesso componenti propri della natura come vapore, nebbia o un sole artificiale come nella famosa opera *The Weather Project* del 2003 esposta presso la Turbine Hall della Tate Modern di Londra.

---

[6] Ginsberg, Alexandra-Daisy. n.d. "Pollinator Pathmaker". daisyginsberg.com. Ultima cons. 13 aprile 2024. https://daisyginsberg.com/work/pollinator-pathmaker

[7] Per approfondire il progetto consultare https://daisyginsberg.com/work/designing-for-the-sixth-extinction.

Introducendo questi fenomeni naturali in ambienti inusuali come gallerie o musei, l'artista danese «progetta climi» ponendo il pubblico nella condizione di riflettere e comprendere il rapporto tra umano, ambiente naturale e artificio.

L'installazione *The Meditated Motion*, realizzata nel 2001 con l'architetto paesaggista Günther Vogt, ha occupato interamente i quattro piani della Kunsthaus Bregenz in Austria.

Al piano terra della mostra i visitatori sono accolti da una collezione di tronchi su cui crescono funghi *shiitake*, mentre al primo livello si trova uno stagno con lenticchie d'acqua che galleggiano sulla sua superficie. Il secondo piano offre un dolce pendio di terreno attraversabile dai visitatori, mentre al terzo piano si trova un ponte sospeso circondato dalla nebbia[8].

Anche il lavoro di Eliasson riflette il pensiero di Haraway su come convivere e affrontare in maniera responsabile il cambiamento climatico, infatti come lo stesso artista afferma:

> «ora, capiamo che il clima non è qualcosa di naturale ma qualcosa di culturale; siamo co-responsabili per esso e dobbiamo gestire il nostro clima. Questo ci pone di fronte a un grande conflitto, poiché abbiamo da una parte il nostro stile di vita eccessivo e, dall'altra, la nostra responsabilità nell'affrontare la crisi climatica. Ovviamente, sto semplificando troppo. Ma se possiamo capire come produciamo il clima e come il clima ci produce - se possiamo capire il rapporto che abbiamo con il clima - allora possiamo anche iniziare a sviluppare un senso di responsabilità[9]».

Un approccio simile a quello sperimentato da Eliasson è quello dell'architetto svizzero Philippe Rahm. Come egli stesso dichiara «l'architettura è l'arte di costruire climi», nel suo lavoro infatti propone un'integrazione tra condizioni climatiche, architettura e benessere fisico degli abitanti, come un'opportuna strategia adattiva per affrontare e mitigare la crisi climatica.

Rahm integra i dati ambientali e climatici nel processo progettuale

---

[8] Eliasson, Olafur. n.d. "The mediated motion". olafurelisasson.net. Ultimo accesso 13 aprile 2024. https://olafureliasson.net/artwork/the-mediated-motion-2001/
[9] Borch, Christian; Böhme, Gernot; Eliasson, Olafur; Pallasmaa, Juhani. 2014. "Atmospheres, Art, Architecture" in *Architectural Atmospheres: On the Experience and Politics of Architecture*. a cura di Christian Borch. Basel: Birkhäuser Verlag. p. 102.

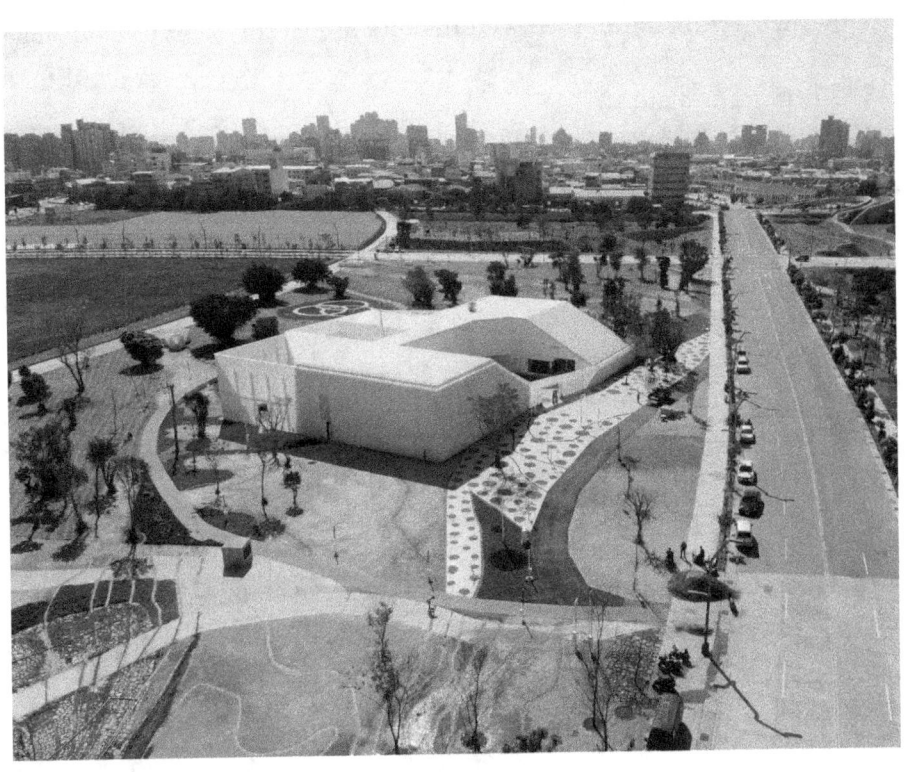

CLIMATORIUM. Taichung, Taiwan, 2012-2020.
A Museum on Climate Change of 3500 m2
Philippe Rahm architectes, mosbach paysagistes, Ricky Liu & Associates.
All images and photos: courtesy of Philippe Rahm architectes

al fine di includere all'interno dell'architettura proprietà come l'effusività, l'emissività, la conduttività e altre caratteristiche legate agli aspetti climatici.

La proposta di Rahm è quella di trasformare la crisi dovuta al cambiamento climatico in un nuovo valore per l'architettura, suggerendo di adottare il clima e la meteorologia come nuovi strumenti e linguaggi progettuali.

Esemplare in tal senso è il progetto del *Jade Eco Park* (2020) a Taichung (ora Taichung Central Park) sull'isola di Taiwan e nello specifico il *Climatorium*, un edificio di 3.500 m² che funge da centro visitatori del parco, definito da Rahm il «manifesto per un'architettura meteorologica» (Rahm 2020, 25) avente l'obiettivo di superare la dipendenza dai combustibili fossili, ridurre le emissioni di CO_2 e contrastare le ondate di caldo e di inquinamento atmosferico.

Il clima di Taichung è caldo e umido; a dicembre, il mese più freddo a Taiwan, la temperatura media giornaliera oscilla tra i 24 e i 31°C, mentre in estate si registra una media giornaliera di 33°C, con picchi fino a 38°C negli ultimi anni.

L'umidità relativa dell'aria inoltre è in media abbastanza alta durante tutto l'anno: novembre è il mese più secco, con un valore del 60%, fino all'80% dei mesi estivi.

L'uomo, animale omeoterma[10], regola la sua temperatura corporea intorno ai 37°C per garantire il corretto funzionamento degli enzimi metabolici. Il corpo umano risponde alle variazioni termiche esterne con i meccanismi fisiologici della termogenesi per il freddo e la termolisi per il caldo, di conseguenza l'uomo tende a propendere verso valori esterni compresi tra i 20°C e i 26°C per mantenere la sua temperatura corporea entro i limiti ottimali.

L'architettura, secondo Rahm, non è solo un elemento autonomo o culturale, ma fa parte dei mezzi fisiologici che contribuiscono a mantenere la temperatura corporea umana stabile intorno ai 37°C. Come egli stesso afferma: «non è altro che una forma aumentata dei meccanismi termoregolatori del corpo umano, una forma aumentata, artificiale ed esogena della termogenesi e della termolisi» (Rahm 2020, 27).

Alla luce di queste considerazioni il clima di Taichung non è con-

---

[10] Animale capace di omeotermia: condizione caratteristica di quegli animali in grado di mantenere costante la propria temperatura corporea.

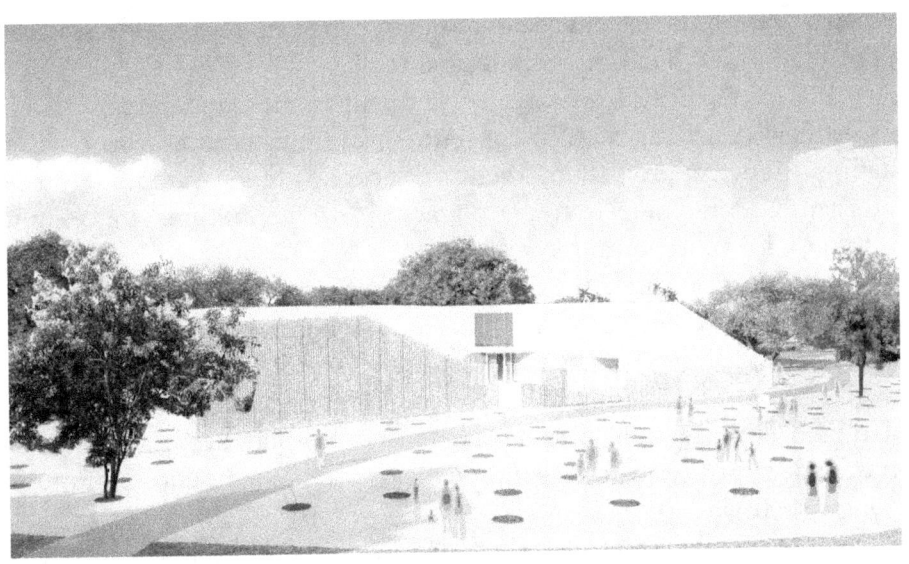

Climatorium
Climatic Layers

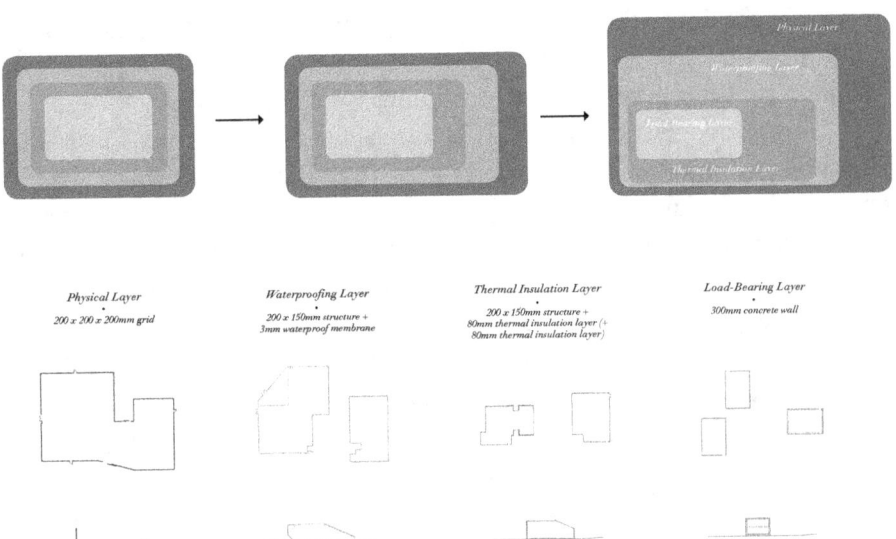

Physical Layer	Waterproofing Layer	Thermal Insulation Layer	Load-Bearing Layer
200 x 200 x 200mm grid	200 x 150mm structure + 3mm waterproof membrane	200 x 150mm structure + 80mm thermal insulation layer (+ 80mm thermal insulation layer)	300mm concrete wall

CLIMATORIUM. Taichung, Taiwan, 2012-2020.
A Museum on Climate Change of 3500 m2
Philippe Rahm architectes, mosbach paysagistes, Ricky Liu & Associates.
All images and photos: courtesy of Philippe Rahm architectes

siderabile ottimale per il benessere del corpo umano, che deve costantemente dissipare il calore in eccesso cercando ombra, evitando sforzi eccessivi, trovando correnti d'aria e mantenendo una buona idratazione per evitare colpi di calore e affaticamento.

Il *Climatorium* si presenta concettualmente e formalmente come un edificio concepito a strati concentrici: il più esterno è lo strato che definisce il perimetro dell'intervento, il secondo è uno strato impermeabilizzante, il terzo uno strato di isolamento termico, l'ultimo strato, il più interno, è lo strato portante.

In risposta al clima di Taiwan ciascuno degli strati che costituiscono la facciata del *Climatorium* è trattato singolarmente, creando una propria forma e una propria geometria. Ogni componente è isolato e distinto dagli altri, con funzioni specifiche come la gestione dell'acqua, il riscaldamento, l'utilizzo dell'energia solare e l'accesso pubblico. La facciata si trasforma in una serie di linee indipendenti che si espandono, si contraggono e si curvano.

Lo strato più esterno, quello della facciata, consiste in una griglia di alluminio bianca che svolge la funzione di protezione solare, costituita da una griglia quadrata con lati di venti centimetri che delimita il perimetro del *Climatorium* e una prima privatizzazione dello spazio.

Nei vuoti interstiziali generati tra il primo e il secondo strato (quello impermeabile) si alternano spazi aperti e coperti, minerali e vegetali, che formano cortili e spazi di attraversamento.

Il secondo strato impermeabile funge da barriera contro l'umidità e la pioggia filtrando la luce solare tramite un polimero impermeabile che, grazie alla sua bianchezza, massimizza il valore dell'albedo[11], riflettendo la radiazione solare per evitare la trasformazione in calore al contatto con la superficie. Questo strato costituisce il primo confine fisico in una progressiva successione dall'esterno verso l'interno, alternando superfici che aderiscono e si separano dal primo strato, in modo da consentire il passaggio del vento e della pioggia. In successione all'interno del secondo troviamo il terzo strato, quello di isolamento termico, composto da materiale isolante fatto di PET riciclato, fibre di lana e rivestito con un tessuto protettivo. Come nella sequenza precedente, questo *layer* è a volte separato dallo strato impermeabile, in modo da formare spazi intermedi

---

[11] L'albedo di una superficie è la frazione di luce o, più in generale, di radiazione solare incidente che è riflessa in tutte le direzioni.

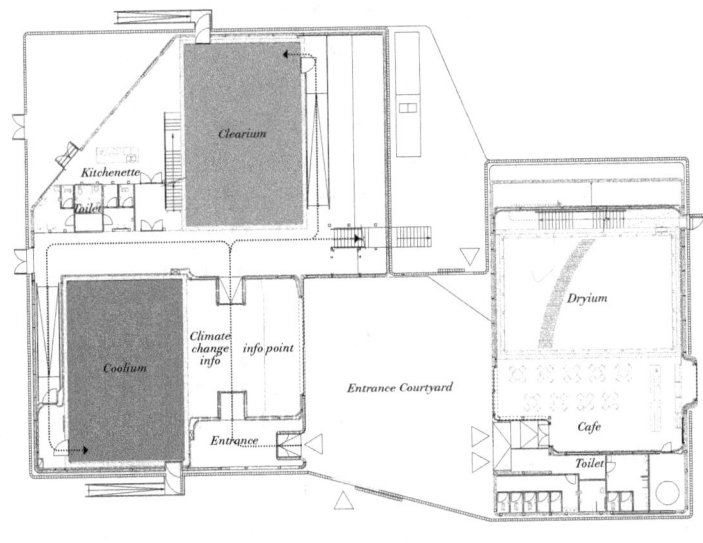

Climatorium
Plan
ground floor plan

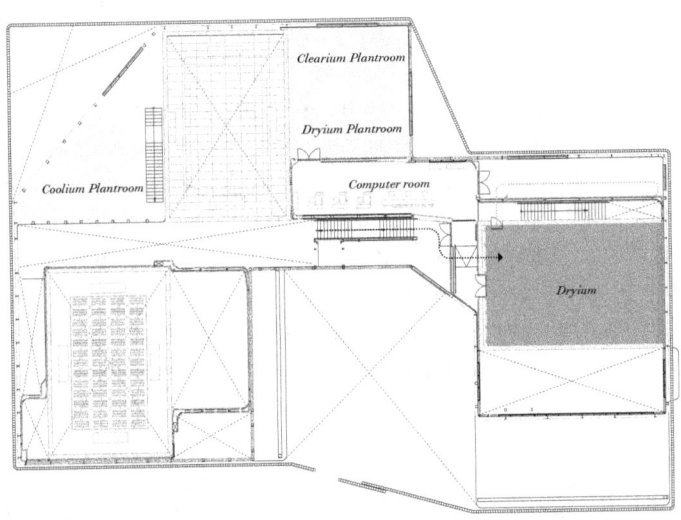

Climatorium
Plan
first floor plan

CLIMATORIUM. Taichung, Taiwan, 2012-2020.
A Museum on Climate Change of 3500 m2
Philippe Rahm architectes, mosbach paysagistes, Ricky Liu & Associates.
All images and photos: courtesy of Philippe Rahm architectes

che proteggano dalla luce e dalla pioggia e siano ventilati in modo naturale. Questi spazi intermedi semi-interni comprendono corridoi, ingressi, servizi igienici, magazzini e vani tecnici. I pavimenti, i soffitti e le pareti sono rivestiti completamente in alluminio e acciaio, materiali che hanno un'alta capacità di assorbire calore, risultando freschi al tatto e con una bassa capacità di irradiare calore sui visitatori.

All'interno di questo strato di isolamento termico, si trovano gli spazi più confortevoli, completamente isolati dall'esterno e dotati di aria condizionata per mantenere una temperatura di circa 22°C. Questi spazi ospitano il centro informazioni del parco, il centro informazioni sul cambiamento climatico, la caffetteria e gli uffici.

Infine il quarto *layer*, il più interno dell'edificio, è il nucleo portante in cemento armato, composto da tre ambienti separati che ricreano ognuna un clima specifico, oltre a generare tre ambienti ideali per contrastare l'eccesso di calore, umidità e inquinamento dell'aria di Taichung.

Queste tre stanze riprendono i tre percorsi climatici all'interno del parco circostante progettato da Rahm: il *Coolium* è l'ambiente più freddo, il *Dryum* l'ambiente più asciutto e il *Clearium* l'ambiente privo di inquinamento. Queste tre «atmosfere costruite» tramite sensori, nebulizzatori, purificatori d'aria e altri dispositivi, sono ambienti dove il visitatore può immergersi sia fisicamente che sensorialmente per trovare comfort e riparo dal caldo esterno, dall'umidità e dall'inquinamento atmosferico (Rahm 2020, 34).

Per Rahm l'architetto che opera «a contatto con il problema» deve essere un meteografo, in quanto il ruolo dell'architettura è quello di modificare il clima naturale per renderlo abitabile per l'essere umano. Da un punto di vista estetico vi è un cambio di paradigma, dal momento in cui normative e regolamentazioni, atte a contrastare le emissioni di CO_2 e la dispersione di calore, rendono obsolete molte strategie architettoniche del Ventesimo secolo, riguardanti sia la configurazione esterna degli edifici che il metodo di costruzione, basate su un elevato consumo di energia fossile.

Per delineare le forme di un'architettura dell'Antropocene, le diverse condizioni climatiche, che logicamente interessano un manufatto architettonico, diventano ora la regola distributiva degli spazi sia in pianta che in sezione (Marini 2017). Proponendo quindi una crasi tra natura e cultura, rielaborando i dati forniti dall'ambiente e dal clima come strumenti progettuali, l'architetto svizzero sviluppa strumenti tecno-ecologici per tramutare in valore architettonico le conseguenze della crisi climatica.

Climatorium

Clearium

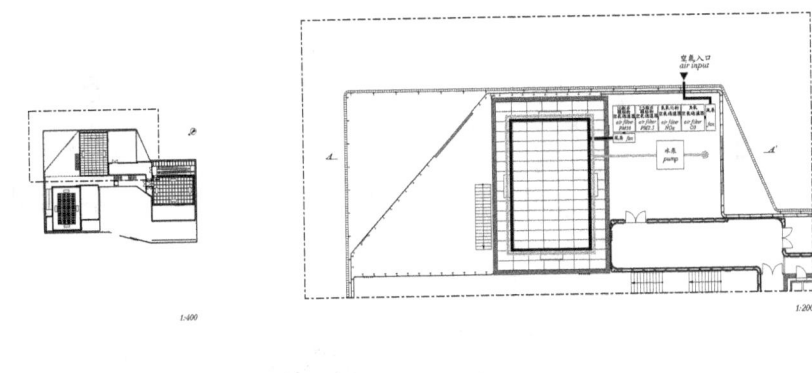

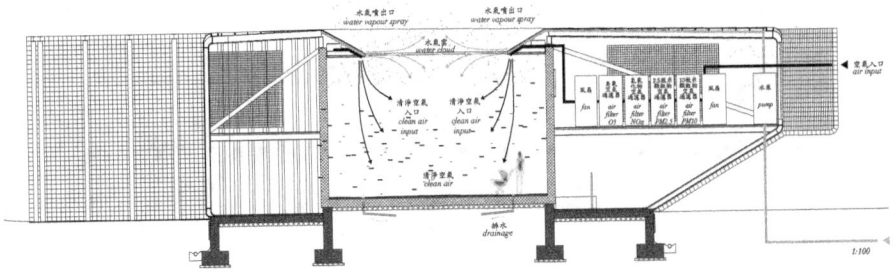

CLIMATORIUM. Taichung, Taiwan, 2012-2020.
A Museum on Climate Change of 3500 m2
Philippe Rahm architectes, mosbach paysagistes, Ricky Liu & Associates.
All images and photos: courtesy of Philippe Rahm architectes

Climatorium
Coolium

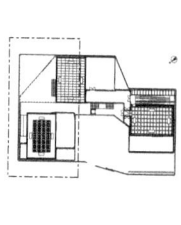
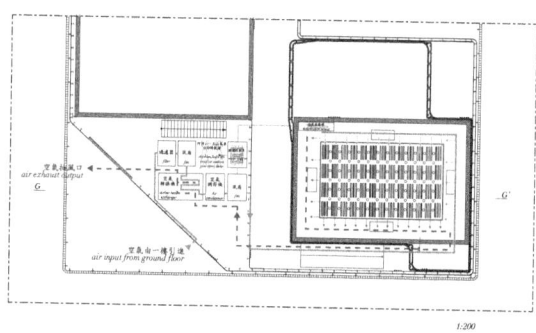
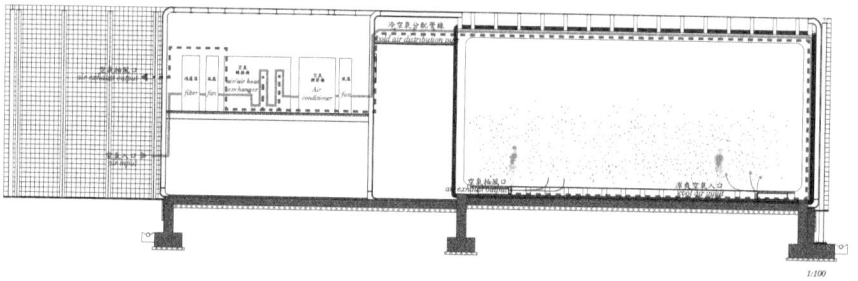

CLIMATORIUM. Taichung, Taiwan, 2012-2020.
A Museum on Climate Change of 3500 m2
Philippe Rahm architectes, mosbach paysagistes, Ricky Liu & Associates.
All images and photos: courtesy of Philippe Rahm architectes

Climatorium
Dryium

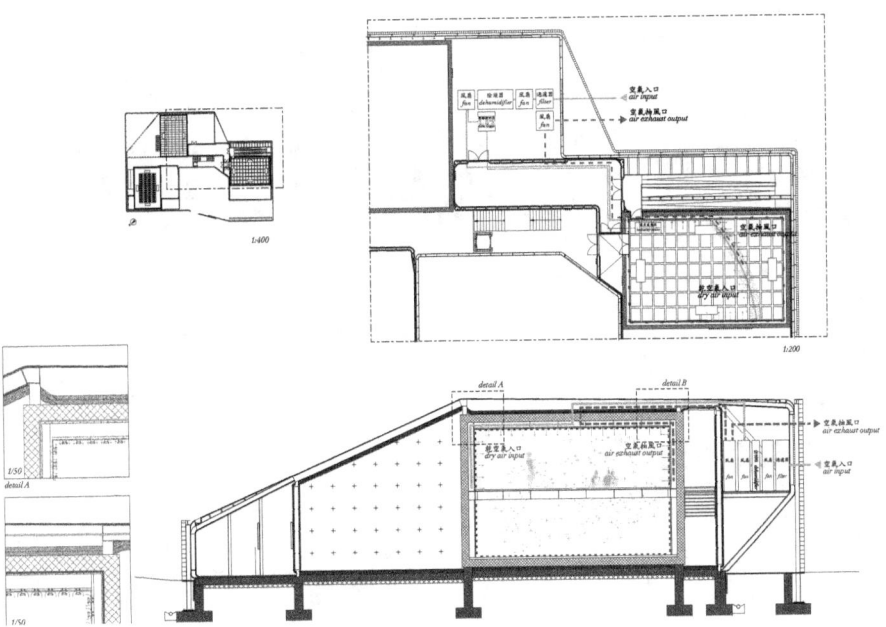

CLIMATORIUM. Taichung, Taiwan, 2012-2020.
A Museum on Climate Change of 3500 m2
Philippe Rahm architectes, mosbach paysagistes, Ricky Liu & Associates.
All images and photos: courtesy of Philippe Rahm architectes

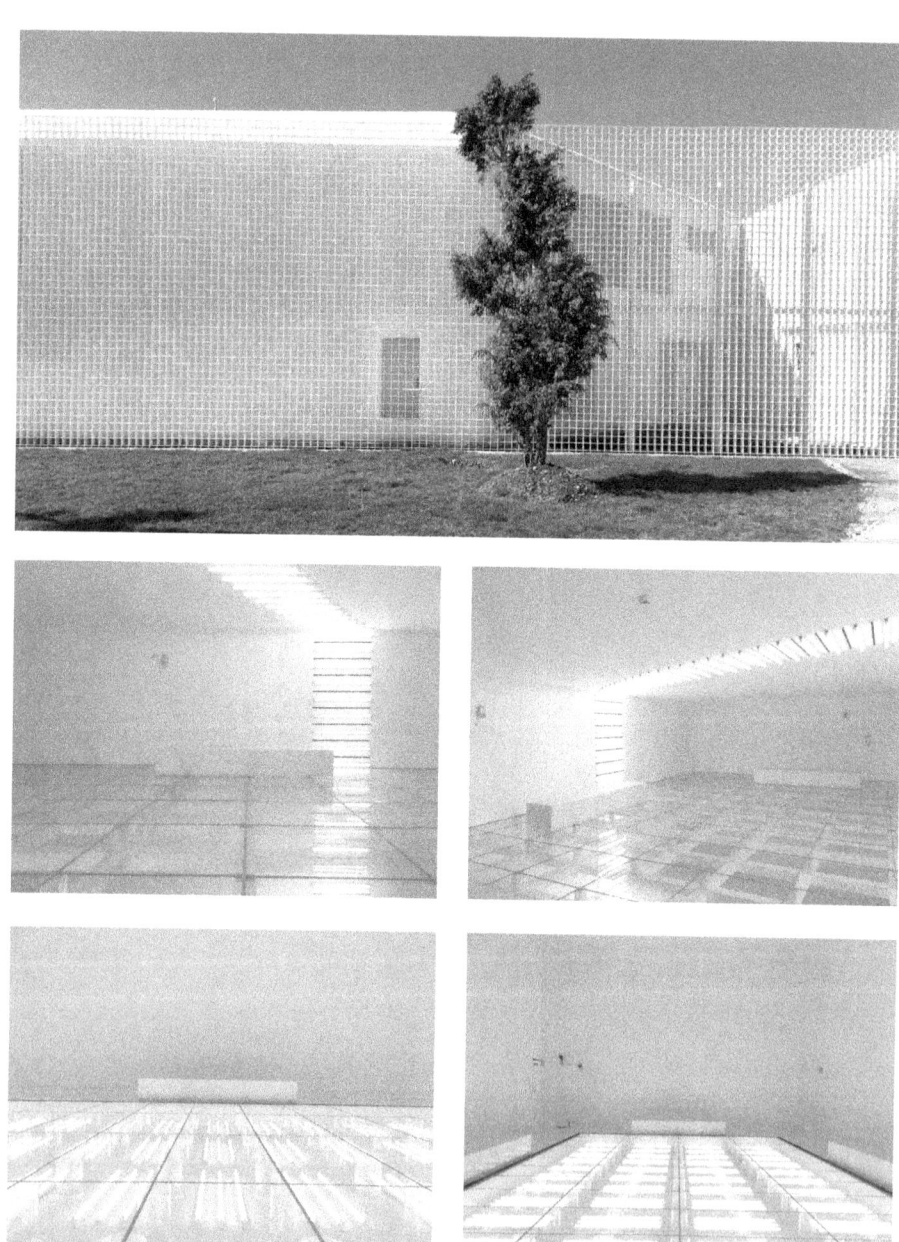

CLIMATORIUM. Taichung, Taiwan, 2012-2020.
A Museum on Climate Change of 3500 m2
Philippe Rahm architectes, mosbach paysagistes, Ricky Liu & Associates.
All images and photos: courtesy of Philippe Rahm architectes

Bibliografia

Haraway, Donna. 2003 - *The Companion Species Manifesto: Dogs, People, and Significant Otherness.* Chicago: Prickly Paradigm Press.

Haraway, Donna. 2019 - *Chthulucene. Sopravvivere su un pianeta infetto.* Roma: Nero.

Haraway, Donna. 2022 - *Manifesto Cyborg. Donne, tecnologie e biopolitiche del corpo.* Milano: Feltrinelli.

Marinelli, Selenia. 2020 - "Hyper Natura. La bio-informazione e le biotecnologie come nuove strategie di progetto". Tesi di dottorato in Architettura. Teorie e progetto, relatore Antonino Saggio, Sapienza Università di Roma.

Marini, Sara. 2017 - "Lo stile antropocene. Lo spazio della partecipazione e il linguaggio dell'architettura" in *TECHNE. Journal of Technology for Architecture and Environment*, n.14. Firenze: Firenze University Press.

Oxman, Neri; Laucks, Jared; Kayser, Markus; Duro-Royo, Jorge; Gonzales Uribe, Carlos. 2014 - "Silk Pavilion: A Case Study in Fiber-based Digital Fabrication" in *Fabricate: negotiating design and making*, a cura di Fabio Gramazio, Matthias Kohler, Silke Langenberg. Zurich: gta Verlag.

Rahm, Philippe. 2020 - "Climatorium. L'architetto come meteorologo". in *Vesper* 2, p. 25. Macerata: Quodlibet. DOI 10.1400/281778.

Rahm, Philippe. 2023 - *Le style anthropocène.* Genève: Head Publishing.

Politica e bioclimatica:
per una coscienza più-che-umana

Francesca Casalino

Il telegiornale trasmette notizie di guerra, sull'emergenza idrica e su quella climatica, su attentati, femminicidi, virus... e noi ingurgitiamo, indifferentemente, orrore quotidiano. Ci abbiamo fatto l'abitudine: che si dice? Le solite cose. Non ci importa neanche di ascoltare noi stessi. Non sappiamo più da dove ripartire.

Donna J. Haraway[1], nel suo libro *Chthulucene. Sopravvivere su un pianeta infetto* (2019, 58), ha scritto:

> «Quest'epoca definita Antropocene è un'epoca di urgenze multispecie, tra cui quella umana: un'epoca di grandi estinzioni e morti di massa, di disastri incessanti le cui imprevedibili specificità vengono stupidamente scambiate per l'inconoscibilità stessa; un'epoca in cui ci si rifiuta di conoscere e coltivare la propria responso-abilità, in cui ci si rifiuta di essere presenti nella e alla catastrofe che avanza, in cui si tende a distogliere lo sguardo in un modo che

---

[1] Filosofa e docente statunitense definita "caposcuola della teoria cyborg", una branca del pensiero femminista che studia il rapporto tra scienza e identità di genere. Haraway rifiuta la strutturazione binaria rotante attorno agli schematismi antinomici maschio/femmina, mente/corpo, natura/cultura, per scardinare le ideologie proprie della tradizione occidentale, introducendo la figura del cyborg: una creatura né macchina né uomo, né maschio né femmina, situata oltre i confini delle categorie che siamo normalmente abituati a utilizzare per interpretare il mondo.

non ha precedenti. [...] Come possiamo pensare in un'epoca così critica senza ricorrere ai miti autoindulgenti e autoappaganti dell'apocalisse, quando ogni fibra del nostro essere è intrecciata, in maniera connivente, nei grovigli di processi che devono essere in qualche modo affrontati e rimodellati? Volenti o nolenti, la figura di filo continua a tornare nelle nostre mani. La risposta alla fiducia della mano tesa verso di noi: pensare, pensare, dobbiamo».

La filosofa e biologa statunitense rievoca le parole di Virginia Woolf che, alla vigilia della Seconda Guerra Mondiale, esortava le donne a sfruttare la marginalizzazione e l'inferiorità sociale per prevenire la guerra e rifondare un nuovo modello di azione politica[2]. Perciò la Haraway ripete: «Pensare, pensare dobbiamo: dobbiamo pensare. Questo significa semplicemente che dobbiamo cambiare la Storia; la Storia deve cambiare» (2019, 65).

L'espressione "figura di filo", invece, Haraway la mutua da uno dei passatempi più antichi dell'umanità – il gioco della matassa – per immaginare un nuovo modo di stare al mondo, tessere e costruire relazioni multispecie.

«Sono pratiche di pensiero e di creazione, pratiche pedagogiche e performance cosmologiche», spiega l'autrice, che alcuni pensatori Navajo descrivono come «schemi utili a ripristinare la *hózhó*, [...] che si può tradurre in maniera imperfetta come "armonia, "bellezza", "ordine" e "relazioni corrette del mondo", incluse le relazioni corrette tra umani e non-umani» (2019, 30).

E precisa che per creare una figura di filo bisogna "adoperarsi"; richiedendo iniziativa e, soprattutto, fatica[3]. Bisogna ingegnarsi, domandarsi e con-pensare, per «restare a contatto con il problema» e a non

---

[2] L'autrice rifletteva (in Woolf, Virginia. 2016. *Le tre Ghinee*. nona ed. Trad. italiana di Adriana Bottini e introd. di Luisa Muraro. Milano: La Tartaruga) sul rapporto tra sistema patriarcale e militarismo. Il testo non è solo un *pamphlet* contro la guerra, ma un riferimento per il movimento femminista. Anche la filosofa Maria Puig de la Bellacasa, nel 2014, durante un simposio organizzato dal network belga Sophia, si è interrogata su "quali domande noi dobbiamo pensare oggi" (https://effimera.org/pensare-pensare-dobbiamo-ancora-appunti-dallazienda-universita-maria-puig-de-la-bellacasa/).

[3] In generale "mettere in opera": dal Dizionario Etimologico online (https://www.etimo.it/?term=adoperare), consultato in data 10 aprile 2024.

sviarlo, appunto.

È del 24 marzo 2024 il primo articolo che compare in una semplice ricerca Google su "le specie nel 2024" (e, si badi bene, non su "le specie in via d'estinzione nel 2024"): «il nostro pianeta è alle prese con una situazione senza precedenti [...] oltre un milione di specie sono sull'orlo dell'estinzione», si legge. «Possiamo invertire la traiettoria dell'estinzione attraverso la protezione dell'habitat, di misure anti-bracconaggio, dell'impegno della comunità e della collaborazione globale[4]», propone la dottoressa e ricercatrice Emily Greenfield, che incalza: «la sopravvivenza di queste specie dipende dal nostro impegno collettivo per la conservazione. Promuovendo la consapevolezza e sostenendo pratiche sostenibili, miriamo a garantire un futuro in cui questi esseri straordinari sopravvivono e prosperano in un mondo equilibrato e ricco di biodiversità[5]».

Però, tornando per un momento al significato delle parole, il termine "biodiversità[6]" si riferisce senz'altro a una varietà e a una variabilità biologica, ma presuppone anche l'equilibrio tra le sue diverse specie, dunque, la coesistenza fra gli umani e i non-umani a cui facevano riferimento le parole di Haraway in precedenza. Perciò, forse (e non è facile), potremmo partire dal «rifiutare l'idea della diversità e il fatto stesso che le specie si considerino come diverse secondo l'essere, esattamente come combattiamo l'idea della diversità etnica o della diversità di classe» - come asserisce Emanuele Coccia (2021, 98) discorrendo sulla metafisica vegetale - con il fine di «diventare tutti ontologicamente più creativi e sensati all'interno di quel borioso olobioma che è la Terra, che la si chiami Gaia o con Mille Altri Nomi» (Haraway 2019, 141).

La chimica belga Isabelle Stengers[7] (2005, 658) ne fa una questione politica, anzi cosmopolitica: sostiene che l'esistenza degli altri non debba rappresentare un problema, ma il modo attraverso il quale pren-

---

[4] Greenfield, Emily. 2024. "Le specie in grave pericolo di estinzione nel mondo nel 2024". *Sigma Earth*. Ultima modif. 24 marzo 2024.
https://sigmaearth.com/it/worlds-critically-endangered-species-of-2024/

[5] *Ibidem*

[6] ISPRA. n.d. "Cos'è la biodiversità?". *Ispraambiente.gov.it*. Ultima cons. 5 settembre 2024. https://www.isprambiente.gov.it/it/attivita/biodiversita/le-domande-piu-frequenti-sulla-biodiversita/cose-la-biodiversita

[7] Vincitrice del premio Nobel per la Chimica con il testo *La nuova Alleanza. Metamorfosi della scienza* (Torino: Einaudi, 1999) cofirmato con Ilya Prigogine.

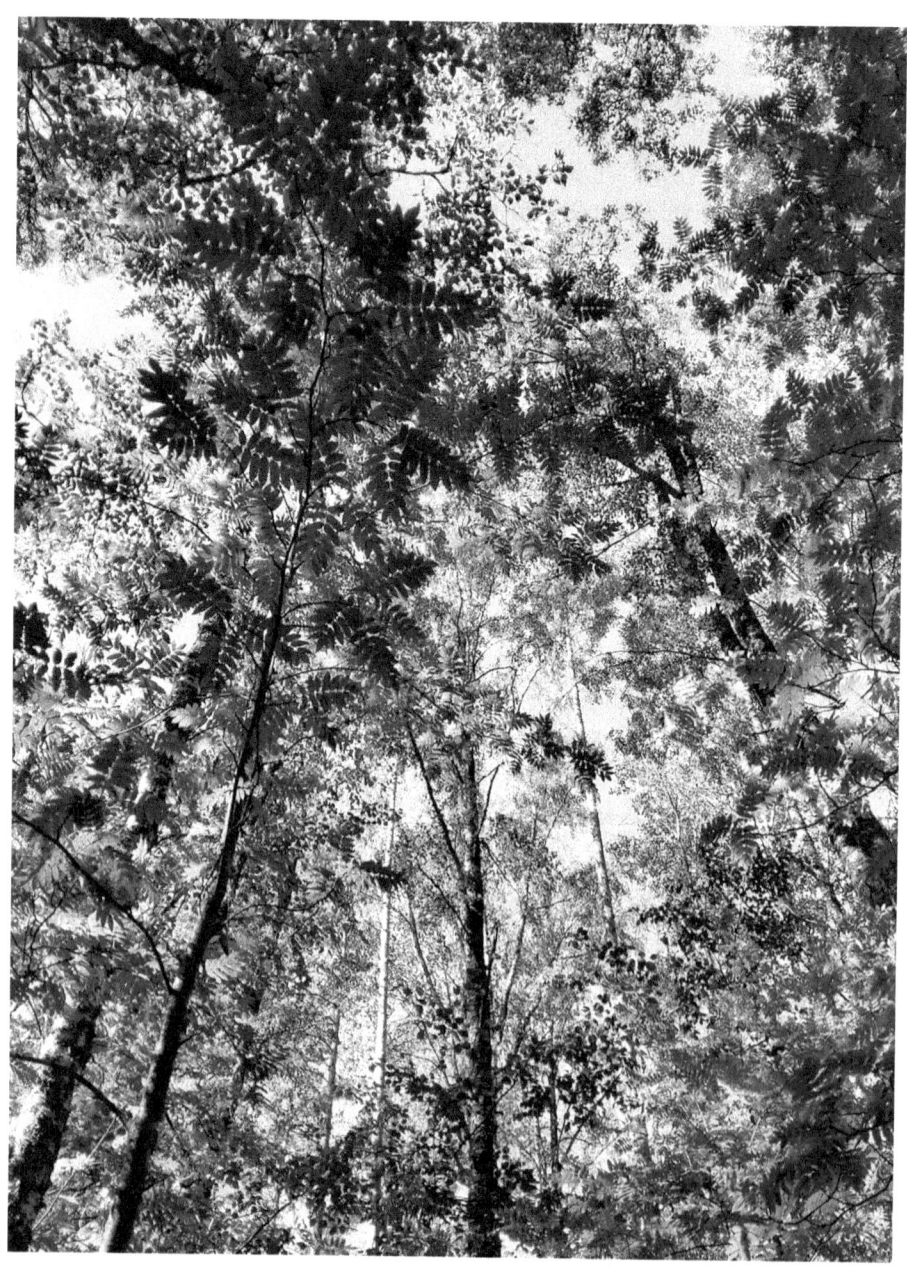

Muuratsalon Lenkki, [[fotografia dell'Autrice], Finlandia 2023.

der coscienza della loro presenza, costringendoci ad «inventare insieme quello che sarà collettivo». Ne *La proposta cosmopolitica*[8], infatti, Stengers sprona a non creare situazioni omologanti, ma occasioni che possano far emergere potenziali asimmetrie tra le parti, che altrimenti resterebbero ignote. Questa pratica consentirebbe di «rendere visibile l'invisibile [che] è uno degli scopi principali della cultura e di qualsiasi attività che sembra esulare dai meri bisogni di sopravvivenza, ma che a ben vedere diventa attività imprescindibile se si vuol preservare la nostra integrità fisica e quella dell'ambiente nel quale viviamo», come afferma invece Claudio Catalano (2023, 23) in *OltreUmano: per un'architettura del vivente*.

Su questo aspetto ha riflettuto a lungo anche il sociologo e antropologo francese Bruno Latour[9] (2000) – citato a più riprese sia da Haraway che da Stengers – che, contro l'attitudine modernista a minimizzare le complessità, pensa all'azione collettiva come ad un avvenimento in cui la responsabilità è distribuita e in cui non ci sono formule immediate di valutazioni stabili, ma processi partecipati di lavorazioni. In una più recente pubblicazione, egli si è interrogato anche sugli strumenti offerti dalla modernità in un'epoca di ordinaria sommossa geostorica, dichiarando che «le persone non sono [effettivamente] equipaggiate con un repertorio mentale ed emozionale adeguato ad affrontare eventi di una simile scala» (Latour 2019, 97-98) e che Gaia e l'Antropocene ci costringono a pensare i viventi non-umani e le cose come vivi e attivi (105). Secondo Latour, infatti, soltanto nella sperimentazione di condizioni di convivenza e fusione saremo finalmente in grado di diventare «più sensibili e più reattivi ai più fragili involucri che abitiamo» (143) scardinando ogni eventuale senso di impotenza.

Lo studio d'architettura fondato da Andrés Jaque - Office for Political Innovation (OFFPOLINN) – ricerca incessantemente la relazione tra gli esseri umani e *más-que-humanos*[10], applicando una tecnica sempre nuova alla politica decantata dai principi latouriani. Poiché il campo

---

[9] Bruno Latour (1947-2022), filosofo, sociologo e antropologo francese da sempre interessato ai temi legati all'ecologia politica. Tra le sue opere più conosciute si segnala *Politiche della natura. Per una democrazia delle scienze* (Milano: Raffaello Cortina Editore, 2000), che cerca di superare il divario tra scienza e politica attraverso la ridefinizione del ruolo dell'attività scientifica e di quella politica.

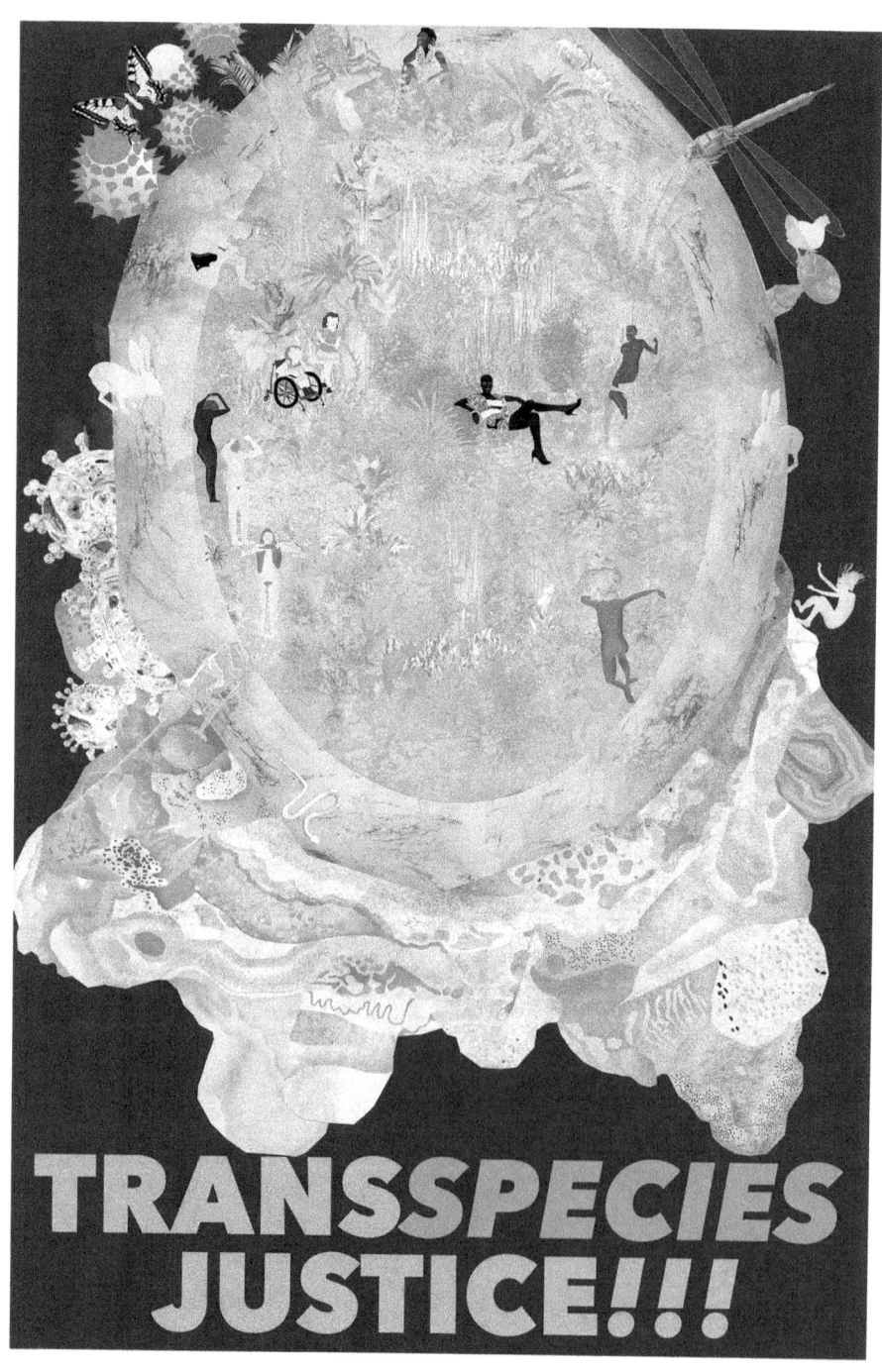

Office for Political Innovation, Rambla Climate House [manifesto "Transspecies Justice"], Molina de Segura 2021. © OFFPOLINN

d'azione dell'architettura è molto ampio, gli architetti si muovono con una certa libertà tra la teoria e la prassi, sfruttando la variabilità della prima per comprovare la versatilità della seconda. Essi credono che tutto dipenda dal *come*, più che dal *che cosa* si chieda all'architettura[11]. «Le architetture sono cosmopolitiche proprio nella misura in cui dispongono di entità diverse, amministrando e rendendo visibile la loro convivenza, i loro conflitti, i loro accordi temporanei» (Jaque 2021, 11): ha affermato Jaque nell'intervista *What is Cosmopolitical Design*[12]*?*, rilasciata all'antropologa Albena Yaneva e all'architetto Alejandro Zaera-Polo. Si legge poi che, essendo le architetture assemblaggi parte di altri assemblaggi, è inevitabile che sussistano incontri/scontri cosmopolitici, in una maniera assolutamente inter-scalare, perché capaci di toccare e rispondere alle diverse scale architettoniche e non, chiamando «in causa saperi e modi di intervento tradizionalmente visti come separati[13]».

Volendo tracciare una panoramica inter-scalare dello studio, *Escaravox* è uno dei progetti sicuramente più riusciti alla scala urbana-territoriale (Matadero, Madrid, 2012) «nella convocazione sociale e nella diversità della convocazione»: con i suoi due ombreggianti mobili è riuscito ad ospitare un pubblico medio di seicento persone, attratte da questa macchina polifunzionale che non era pronta a una tale «mobilitazione sociale ed ecologica[14]», ammette Jaque, affascinato proprio dall'incertezza della costruzione e dalla sua capacità di emancipazione.

Per l'architetto, infatti, la pratica del comporre non vuol dire altro

---

[10] Si veda: Jaque, A., Otero Verzier, M., Pietroiusti, L. 2021. *More-than-Human*. Rotterdam: Het Nieuwe Instituut.

[11] Jaque, A., Alvarez Isidro, E. M., Gómez Alfonso, C. J. 2023. "Messiness, render society represented, performance, awareness: el vocabulario de Andés Jaque/Messiness render society represented, performance, awareness: Andrés Jaque's vocabulary" in *EN BLANCO. Revista de Arquitectura*, 34, Editorial Universitat Politècnica de València, , p. 25. (https://doi.org/10.4995/eb.2023.19603)

[12] Rispoli, R. 2021. "Andrés Jaque/Office for Political Innovation: le architetture come dispositivi semiotico-materiali", in *A. Jaque, Mies e la gatta Niebla. Saggi su architettura e cosmopolitica*. Palermo: Siké Edizioni. p. 11. Cita: Yaneva A., Zaera-Polo, A. (a cura di). 2015. *What is Cosmopolitical Design? Design, Nature and the Built Environment*, Londra/New York: Routledge. pp. 57-78.

[13] Ivi, p. 58.

[14] Ivi, p. 24.

che "convocare[15]". Nella casa in *Never Never Land* (Ibiza, 2007-2009), ad esempio, l'intento era che le cose continuassero ad essere com'erano prima che la casa fosse eretta e che la vegetazione continuasse a ri-chiamare a sé "i suoi amici[16]", e cioè gli uccelli; perciò la casa è stata isolata dal terreno e intrecciata alla radura.

Mentre nella *Rambla Climate-House* (Molina de Segura, 2018-2021) è stato addirittura ri-composto l'ecosistema del luogo, progettando – con l'architetto Miguel Mesa del Castillo Clavel, la pedologa María Martínez-Mena García e gli ecologi Paz Parrondo Celdrán e Rubén Vives – un sistema meteorologico intelligente che, all'occorrenza, continua ad irrorare la natura ricreata al suo interno, moltiplicando le *presenze*[17] a cui si riferiva Stengers.

Il *Colegio Reggio*[18], invece, è un manifesto architettonico alla libertà creativa, ma è il suo design a fare la differenza: «si basa sull'idea che gli ambienti architettonici risveglino nei bambini il desiderio di esplorazione e di indagine [...]. L'edificio [infatti] è concepito come un complesso ecosistema che consente agli studenti di orientare la propria formazione attraverso un processo di sperimentazione collettiva autodiretta[19]».

Al pian terreno si riuniscono le aule per gli studenti più piccoli, mentre ai piani superiori si trovano quelle degli studenti di età maggiore e un giardino che raggiunge i piani superiori con una struttura a serra, in una successione verticale che ritrae il tradizionale scenario della società civile e la crescente capacità degli allievi ad esplorare l'ecosistema scolastico in maniera sempre più autonoma; per questa ragione il secondo piano è accessibile direttamente dal livello stradale. Qui gli insegnanti

---

[15] Ivi, p. 31.

[16] *Ibidem*.

[17] «Lì, ad esempio, non sapevamo quali piante sarebbero cresciute. Quello che sapevamo è che sarebbero stati chiamate e che sarebbero state create le condizioni affinché venissero. Alcune di loro le abbiamo percepite o conosciute perché abbiamo visto che apparivano rapidamente, ma ovviamente quello era l'obiettivo, certo. È anche la tradizione cosmopolitica, che vede la politica come moltiplicazione delle presenze e non tanto come regolazione dei rapporti tra quelle presenze»: ivi, p. 34. TdA.

[18] Deve il suo nome al "metodo Reggio Emilia", sviluppato nella città omonima alla fine del secondo conflitto mondiale dal pedagogista Loris Malaguzzi, secondo il quale la rinascita della comunità doveva ripartire dall'educazione dei bambini. La scuola è finalista per l'architettura ai Premi Mies van der Rohe 2024.

e gli studenti possono riunirsi in una piazza concepita come un'agorà cosmopolita che li «incoraggia [...] a partecipare alla *governance* della scuola e a interagire col paesaggio [vicino] e il territorio[20]» mirabile attraverso le aperture arcate e gli oblò navali, che paiono osservare dall'alto la città lontana. Al terzo piano si trova poi una sala polivalente, che può fungere da palestra, laboratorio d'arte, teatro, sala da ballo e sala riunioni, mentre sino al sesto piano seguono le altre aule.

Una delle innovazioni risiede nella volontà di lasciare tutto il sistema meccanico e strutturale a vista in maniera del tutto inaspettata: gli allievi possono osservare lo scheletro dell'edificio prendendo coscienza del suo funzionamento, oltre che ad assistere quotidianamente alla crescita delle specie in esso raccolte.

Vi è, inoltre, un uso inedito dei materiali: innanzitutto, in questo edificio non sono utilizzati rivestimenti, controsoffitti, pavimenti galleggianti, riducendo la quantità dei materiali impiegati del 48%, adoperando un sistema meccanico efficiente e un isolamento termico in sughero per quasi tutte le superfici; in questo modo la costruzione riesce a risparmiare la metà dell'energia consumata per il riscaldamento interno e a creare addirittura un accumulo di materiale organico che tramuta l'involucro in habitat per numerose forme di funghi microbiologici, vita vegetale e animale; infine, oltre ad aver ridotto l'occupazione del suolo con un'espansione verticale, insieme all'ingegnere Lago González Quelle, il team ha diminuito radicalmente lo spessore delle pareti perimetrali e l'energia assorbita dall'edificio del 33%[21].

Ma non si tratta solo di numeri.

Sembra che questo luogo d'istruzione trovi una perfetta descrizione nelle parole di Haraway (2019, 141): qui «le creature – esseri umani inclusi – sono in presenza l'una dell'altra, o meglio: sono l'una dentro i tubi, le pieghe, le cavità, le parti interiori e le parti esteriori dell'altra, e non del tutto». Dobbiamo imparare a non pensarci diversi dall'altro.

Pensare, pensare, dobbiamo.

---

[19] Jaque, A. 2022. "Colegio Reggio: El Encinar De Los Reyes, Madrid. 2022". in *EN BLANCO. Revista de Arquitectura*, n° 34, pp. 72-97.
https://doi.org/10.4995/eb.2023.19582
[20] Ivi, p. 86.
[21] Jaque, A. 2022. "Colegio Reggio: El Encinar De Los Reyes, Madrid, 2022", *op. cit.*, pp. 92-93.

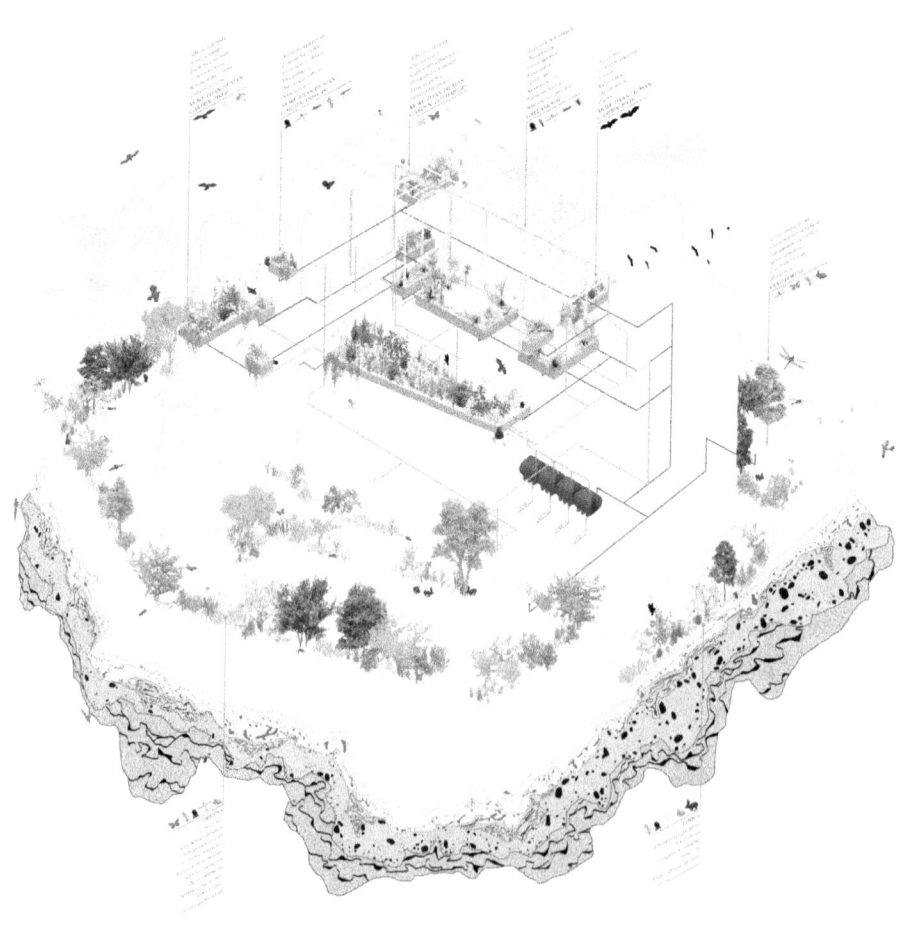

Office for Political Innovation, Colegio Reggio [disegno], Madrid 2022.
© OFFPOLINN

Non possiamo continuare a guardare le cose solo per quel che sono e non nell'intreccio di fili che le tiene legate alle altre, e al tutto. Fin quando continueremo a vederci come singoli e alle cose come isolate, sarà difficile cambiare.

Ci sono nodi da sbrogliare, nuovi fili da intrecciare. Le cose devono cambiare dall'azione stessa di osservare. Tutto fuorché aspettare.

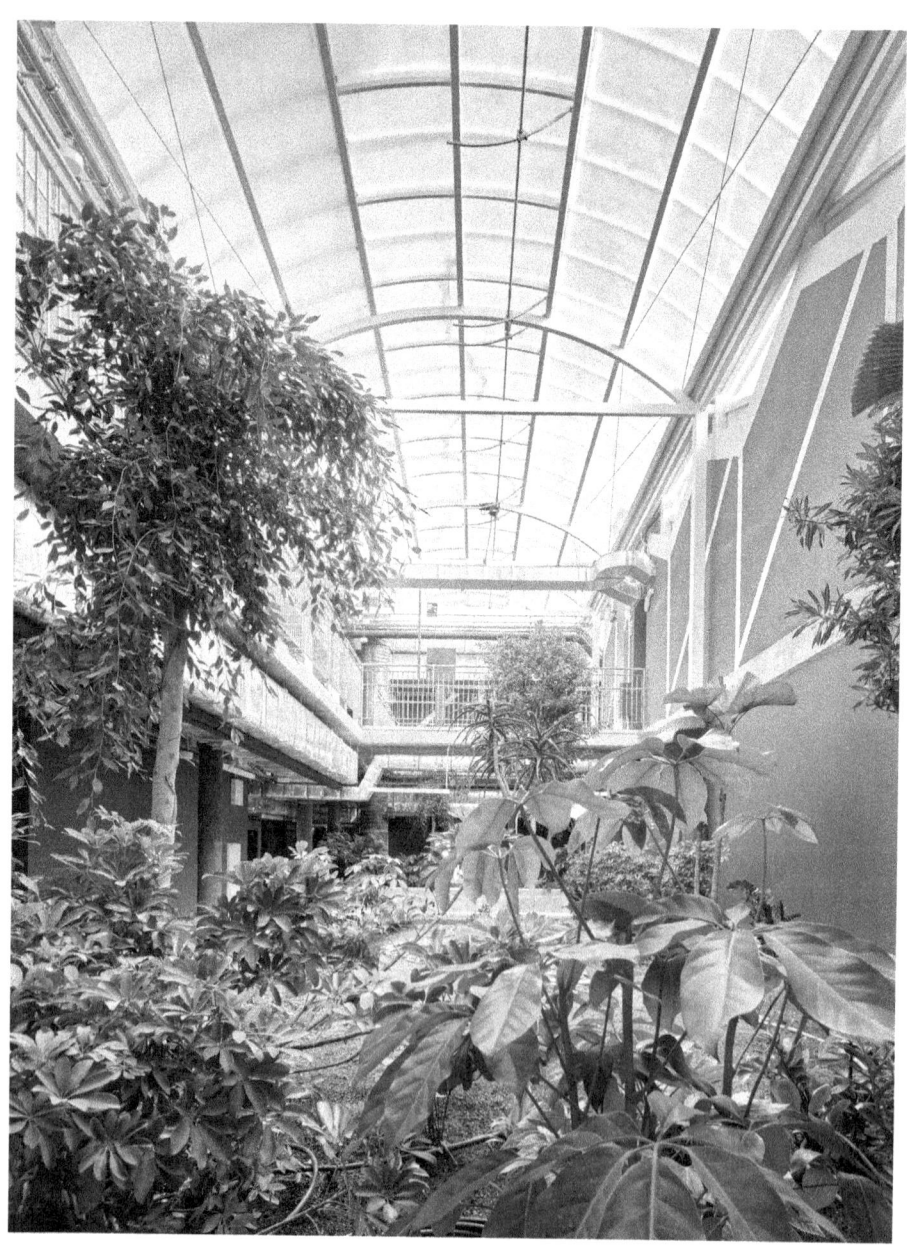

José Hevia, Colegio Reggio [fotografía], Madrid 2022.
© José Hevia

Bibliografia

Braidotti, Rosi. 2020 - *Il postumano. La vita oltre l'individuo, oltre la specie, oltre la morte.* Roma: DeriveApprodi.

Catalano, Claudio. 2023 - *OltreUmano. Per un'architettura del vivente.*, Roma: Vita Nostra Edizioni.

Coccia, Emanuele. 2021 - *Filosofia della casa. Lo spazio domestico e la felicità*, Torino: Einaudi.

Haraway, Donna. 2019 - *Chthulucene. Sopravvivere su un pianeta infetto.* Roma: Nero.

Jacque, Andrés. 2021 - *Mies e la gatta Niebla. Saggi su architettura e cosmopoliticavo*, Leonforte: Siké.

Jaques, Andrés; Otero Verzier, Marina; Pietroiusti, Lucia. 2021 - *More-than-Human.* Rotterdam: Het Nieuwe Instituut.

Latour, Bruno. 2000 - *Politiche della natura. Per una democrazia delle scienze.* Milano: Raffaello Cortina Editore.

Latour, Bruno. 2019 - *Essere di questa terra. Guerra e pace ai tempi dei conflitti ecologici*, Torino: Rosenberg & Sellier.

Mancuso, Stefano. 2020 - *La pianta del mondo.* Bari: Laterza. Mesa del Castillo, Miguel; Nieto, Enrique. 2020. Post-arcadia. ¿Qué arte para qué naturaleza?. Murcia: Cendeac.

Mesa del Castillo, Miguel; Nieto, Enrique. 2020 - *Post-arcadia. ¿Qué arte para qué naturaleza?* Murcia: Cendeac.

Rispoli, Micol; Rispoli, Ramon. 2023 - *Design, STS e la sfida del più-che-umano,* Napoli: Cratera.

Saggio, Antonino. 2010 - *Architettura e modernità: dal Bauhaus alla rivoluzione informatica,* Roma: Carocci.

Stengers, Isabelle. 2005 - *Cosmopolitiche.* Roma: Luca Sossella Editore.

Consumo del suolo agricolo e antropizzazione

Il caso cinese di una sinergia tra cultura agricola e progetto architettonico

Marco Ugolini

Tra gli innumerevoli mutamenti che negli ultimi decenni hanno investito il nostro pianeta, uno tra i tanti sembra di difficile soluzione: il consumo del suolo agricolo, ovvero la progressiva diminuzione di terreno destinato alla piantumazione di colture, sempre più spesso sottratto per far posto ad attività antropiche altamente energivore. Le difficoltà nel contrastare il fenomeno nascono dall'estensione dello stesso, e perché, al netto di diversi proclami, non sembra esistere – almeno fino ad oggi - una strategia comune d'intervento in grado di affrontare la questione seriamente.

È opportuno sottolineare come alcuni processi naturali, vento e piogge[1] su tutti, concorrano costantemente all'erosione del terreno, ovvero «il processo fisico responsabile del continuo rimodellamento della superficie terrestre che determina la rimozione di materiale dalla superficie dei suoli»[2], concausa stessa della problematica oggetto di questo breve saggio. È altresì vero, tuttavia, che le più recenti attività antropiche, tipiche di una società che tende a fagocitare le risorse di cui dispone, ne abbiano quantomeno accelerato il processo, a tal punto che appare opportuno chiedersi se questo possa effettivamente essere reversibile oppure no.

---

[1] L'impatto di una goccia di pioggia sulla terra comporta la separazione delle particelle. Queste si disgregano in dimensioni più piccole e ostruiscono i pori del terreno. Per questo motivo il fluido non riesce a penetrare in profondità e scivola sul suolo, trascinando con sé granuli e molecole di terriccio.

[2] Si veda: L'erosione del suolo. Foglio divulgativo di pedologia consultabile in http://www.agricoltura.regione.campania.it/pedologia/pdf/erosione del_suolo.pdf.

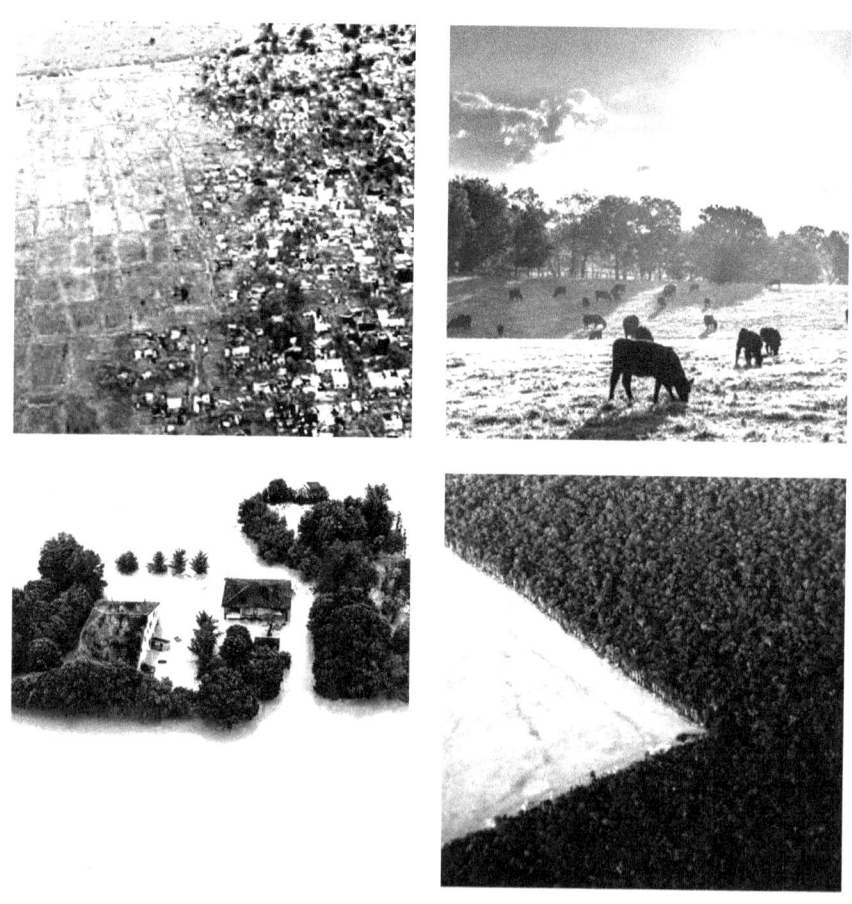

Consumo del suolo: un manifesto, fotomontaggio dell'autore, Roma 2024.

Oltre al progressivo e irrefrenabile disboscamento che sta flagellando interi settori del nostro pianeta, spesso causato dalla necessità di rintracciare nuovi suoli per il pascolo di bestiame (la foresta Amazzonica ne è il triste e celebre simbolo[3]), e pratiche scorrette come la piantumazione di colture invasive che deteriorano il terreno e ne compromettono i futuri raccolti - in Italia per esempio abbiamo preso la non troppo felice abitudine di assicurare gran parte del fatturato agricolo alla coltivazione di mais, patate e barbabietole da zucchero, non certo prodotti tipici delle terre del bel paese[4]-, una delle cause certamente più catastrofiche è l'inesorabile urbanizzazione, manifesto delle tendenze umane dell'ultimo secolo. La sottrazione di suolo agricolo si sta rivelando un processo dall'impatto esponenziale poiché fa sì che, al netto di una sempre maggior popolazione da sfamare, faccia seguito una diminuzione del terreno disponibile con cui coltivare cibo. Si corre il rischio, quindi, non solo di produrre metropoli dalla dubbia qualità urbana – tanto in termini formali e sociali quanto in termini ecologico-ambientali – ma soprattutto di riversare nelle future generazioni un gigantesco problema alimentare che governi ed enti locali avranno difficoltà ad arginare.

Il dualismo – o forse meglio dire la frattura – tra campagna e città, agricolo e urbano, contraddistingue in particolare la Cina, culla di una cultura millenaria che ha vissuto per secoli attraverso il proprio artigianato e la propria agricoltura, e che solo in seguito alla caduta del regime maoista si è aperta al progresso tecnologico e innovativo tipico delle moderne società occidentali.

Con l'obiettivo di rintracciare pratiche contemporanee in grado di coniugare l'antico *ethos* agricolo con le attuali esigenze espansionistiche del costruire urbano, attenzioneremo un intervento che ha avuto luogo nella città di Shenyang[5], capoluogo della provincia nord-orientale del Liaoning, nonché principale centro

---

[3] Un'indagine del The Guardian ha stimato che in sei anni – tra il 2017 e il 2022 – sarebbero stati abbattuti ottocento milioni di alberi (1,7 milioni di ettari) nella foresta pluviale in prossimità di una ventina di stabilimenti di proprietà di tre grandi operatori ed esportatori di carne: Jbs, Marfrig e Minerva. Non solo, il pascolo del bestiame, come noto, compromette irreversibilmente le qualità del terreno, facendo sì che sia quasi impossibile coltivare in futuro. Per approfondire si rimanda alla lettura dell'articolo consultabile in https://www.theguardian.com/environment/2023/jun/02/more-than-800m-amazon-trees-felled-in-six-years-to-meet-beef-demand.

[4] La piantumazione di queste colture tende a lasciare terreno nudo tra una pianta e l'altra, producendo, proprio in quei punti, maggior debolezza e quindi vulnerabilità all'erosione.

[5] Il significato originale del nome è traducibile come "la città a nord del fiume Shen", antico nome del fiume Hun.

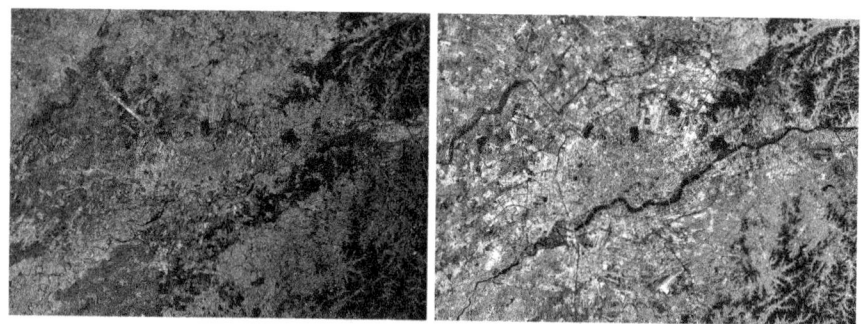

Evoluzione della città di Shenyang: confronto tra l'immagine satellitare del 1984 (sinistra) e del 2020 (destra).

della Manciuria. Durante la guerra civile[6], espressione più cruenta e sanguinaria della ribellione rurale delle campagne cinesi verso le popolazioni dei grandi centri abitati, Shenyang rimase sotto il controllo dei nazionalisti del Kuomintang di Chiang Kai-shek fino al 30 ottobre 1948, quando venne occupata dalle truppe comuniste di Mao Zedong, divenendo parte della nascente Repubblica Popolare, e, nel corso degli anni successivi, cuore pulsante dell'industrialismo della regione.

Collocata nel quadrante nord-orientale del paese, non distante dal confine russo, la città è cresciuta costantemente arrivando a coprire una superficie complessiva di quasi 13.000 km^2 (circa dieci volte Roma), riuscendo tuttavia a dotarsi di una prima linea metropolitana solo nel 2005. Con i suoi oltre otto milioni di abitanti, Shenyang, manifesta la sempre più evidente differenza socio-economica tra l'entroterra cinese e la ricchezza e le disponibilità di cui godono molti abitanti delle grandi urbanità che affacciano sulle coste orientali del Pacifico. Negli ultimi decenni la città è meta migratoria di parte delle popolazioni che si occupavano delle aree rurali della regione, in cerca di un futuro differente e di migliori condizioni di vita.

Questo fenomeno ha fatto sì che migliaia di giovani si iscrivessero nelle scuole e nelle università locali, ponendo non pochi problemi di sovraffollamento. In particolare è significativo il caso della Facoltà di Architettura dell'Università di Shenyang, fino ai primi anni del nuovo millennio collocata in una sede piuttosto centrata nel tessuto urbano. Viene quindi deciso di ricollocare le strutture universitarie, carenti e per nulla adeguate a sostenere la nuova mole di studenti, rintracciando in un vuoto urbano posto ai margini orientali della città il luogo adatto.

Il nuovo campus viene costruito in pochi mesi e consegnato alla città prima della fine del 2004, poco meno di due anni dopo l'assegnazione dell'incarico di progettazione. Il complesso sorge su un'area di ottanta ettari[7] dalle dimensioni quadrangolari, precedentemente utilizzata come risaia per la produzione del celebre "riso del nord-est", noto per l'elevata qualità in ragione del clima fresco della regione che garantisce un periodo di crescita più lungo rispetto ai medesimi coltivati nelle terre meridionali. Dell'enorme suolo urbano a disposizione, settantasette ettari sono stati destinati alla realizzazione delle nuove strutture didattiche e dei rispettivi servizi che a partire dal 2004 hanno accolto i numerosi studenti iscritti

---

[6] Nota come "guerra civile tra nazionalisti e comunisti", il conflitto si combatté a fasi alterne tra il 1927 e il 1950. Lo scontro tra il Kuomintang (Partito Nazionalista Cinese, KMT) e il Partito Comunista Cinese (PCC) si concluse solo nel secondo dopoguerra, con la vittoria dei comunisti maoisti e la fuga dei i membri del Kuomintang sull'isola di Taiwan.

[7] Un ettaro corrisponde a 10.000 metri quadrati.

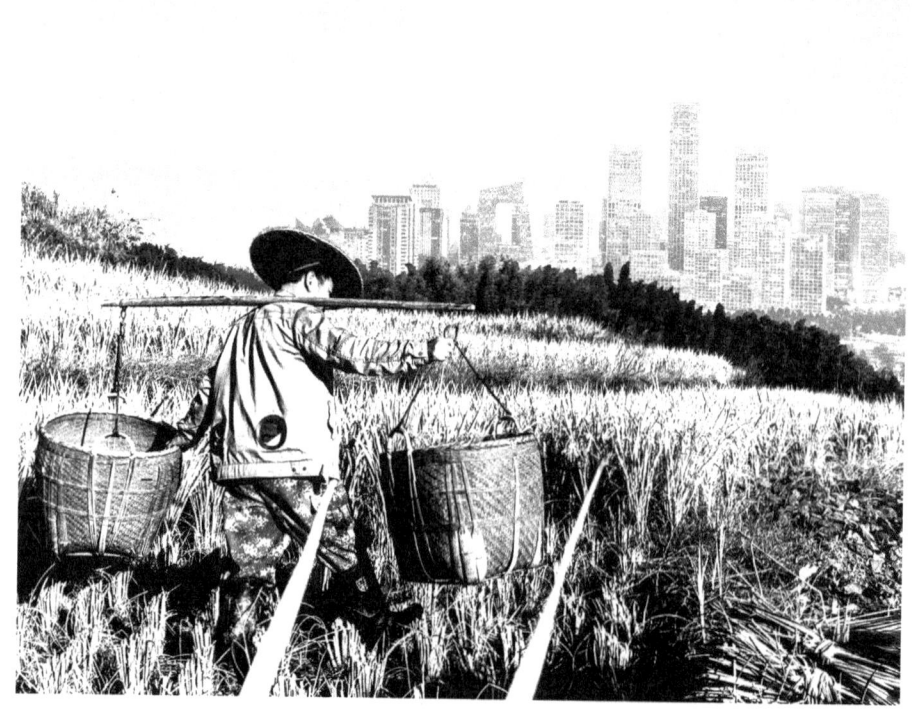
Dualismo: ruralismo e progresso, fotomontaggio dell'autore, Roma, 2024.

alla facoltà, e che quindi hanno potuto beneficiare degli spazi messi a disposizione dall'intervento, certamente più funzionali ed adeguati.

In virtù del pregresso che aveva accompagnato l'uso del suolo, e grazie alle ottime qualità di cui godeva il terreno, i rimanenti circa tre ettari dell'area, sono stati utilizzati per la realizzazione di un parco agricolo urbano autosufficiente, parte integrante del complesso universitario. Quest'ultimo ha l'obiettivo di rappresentare tanto un supporto per le attigue strutture, inserendosi quindi nei cicli didattici offerti dal programma universitario, quanto ergersi a simbolo di una rinnovata – e quanto mai necessaria in questo momento – sensibilizzazione degli abitanti nei confronti della produzione alimentare, in particolar modo agricola, del proprio paese.

Il progetto del nuovo parco viene affidato a Kongjian Yu, titolare dello studio d'architettura e paesaggio cinese Turenscape[8]. Architetto paesaggista formatosi nella facoltà di architettura di Harvard, dove si laurea nel 1995, è attivo nel proprio paese natale già a partire dal 1997 dopo una breve esperienza in un'importante società americana. Kongjian Yu si cimenta da anni nella realizzazione di architetture e paesaggi che ridefiniscano, attraverso nuove e sostenibili relazioni, il rapporto tra natura e urbano, vegetale e antropico, proponendo modelli innovativi che possano tracciare future rotte per una disciplina che deve interloquire con l'inesorabile ristrettezza delle risorse che consuma.

Il disegno della risaia è integrato nella disposizione planimetrica degli edifici, posti a pettine e trasversali rispetto alla configurazione del lotto. Posizionata lungo il margine sud, definito dalla traiettoria dei binari della linea ferroviaria che serve la metropoli, nei pressi dei campi sportivi, l'area di coltivazione è scandita da una maglia isotropa quadrata che definisce i percorsi dei visitatori e degli studenti secondo uno schema geometrico piuttosto semplice, che non solo ne regola i flussi, ma ne scandisce la composizione.

Un lago artificiale posizionato centralmente si pone a confine nord dell'intervento di Turenscape, oltre a definire sul proprio margine sud la posizione del centro sportivo, e fornisce alle colture l'irrigazione necessaria per permetterne il sostentamento e la crescita.

Passeggiando all'interno della risaia si può notare come il color ambra, tipico del "riso d'Oro" coltivato, tenti di ridefinire i toni del proprio frammento di

---

[8] Per approfondire il lavoro di Kongjian Yu dello studio Tureunscape si veda il sito: https://www.turenscape.com/en/home/index.html, oppure William S. Saunders, Designed Ecologies: The Landscape Architecture of Kongjian Yu, Birkhäuser, Basilea 2013.

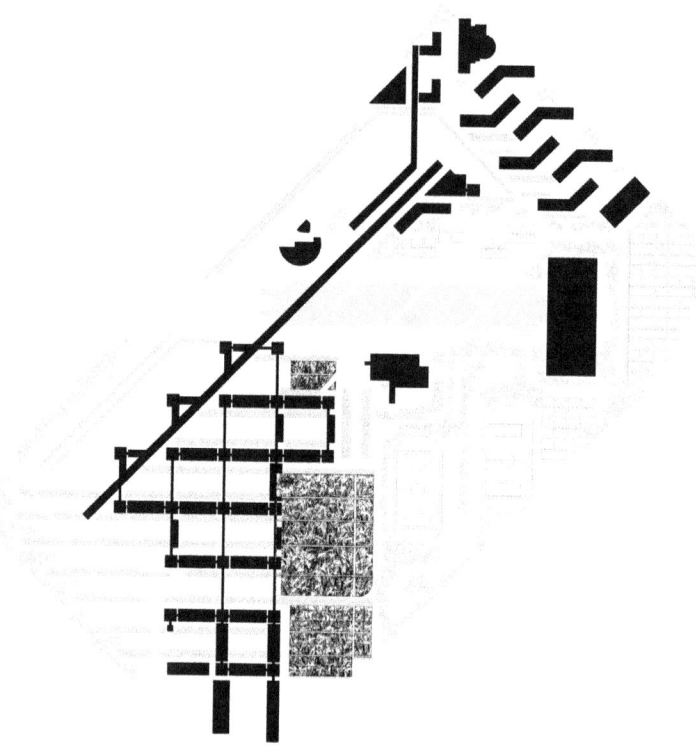

Planimetria del SHENYANG ARCHITECTURAL UNIVERSITY CAMPUS, rielaborazione dell'autore.

tessuto urbano, rappresentando un valore e un simbolo identitario per l'intera comunità universitaria e cittadina.

Osservando l'uso dell'artificio architettonico nel lavoro di Turenscape a Shenyang, appare evidente la presenza di un filo rosso che ne collega la genesi ad un ben più celebre progetto, elaborato dall'architetto giapponese Kisho Kurokawa ben quaranta anni prima, e rimasto tristemente solo su carta: *Agricultural City*[9]. Seppur muovendosi in circostanze diametralmente opposte e in contesti apparentemente non sovrapponibili, entrambi i progetti tendono a sfruttare l'artificio isotropo come unica matrice geometrica dell'intero processo architettonico; tuttavia, mentre il tentativo di Kurokawa assorbe in sé anche il costruito facendone parte integrante (e integrata) del processo, Turenscape deve inserirsi all'interno di un contesto già dato e quindi modulare la propria maglia, e conseguentemente il funzionamento dell'intera risaia, in funzione degli edifici già progettati.

Ebbene, al netto delle distanze, entrambi i progetti manifestano la vicinanza dell'estremo oriente con la propria tradizione agricola, ricercando nella tutela del terreno e nel rapporto sinergico con l'antropico procedere, il fondamento stesso della loro esistenza. L'obiettivo della nuova risaia, il cui progetto ha dovuto fare i conti con il ristretto budget messo a disposizione (circa un dollaro per metro quadrato) è dimostrare la possibilità di una nuova e florida coesistenza tra costruito e suolo agricolo, rintracciando nell'antico legame del popolo cinese con le proprie terre rurali, la matrice culturale dell'intero intervento. Gli abitanti del nuovo campus, spesso giovani ragazzi che lasciano le proprie famiglie nell'entroterra cinese in cerca di migliori opportunità e di una condizione socio-economica più fortunata, possono continuare a interagire con quelle stesse colture che ne hanno definito la crescita fino a quel momento. Il tentativo è quello di arginare la voragine che l'imperterrito procedere del progresso moderno, tipico delle nuove metropoli costiere, sta scavando con la millenaria coltura rurale dell'entroterra, sempre più isolato e di conseguenza povero.

---

[9] Il progetto viene elaborato nel 1960 in seguito alle devastazioni provocate dal tifone della Baia di Ise l'anno precedente. Travalicando la semplice ricostruzione, il progetto si propone come nuovo modello insediativo, assorbendo in sé sia le istanze architettoniche che quelle agricole, definendo un approccio che potesse salvaguardare la vita e il lavoro degli abitanti da ulteriori inondazioni. Sopraelevando il costruito rispetto al suolo, Kurokawa rintraccia in una maglia quadrata definita da una grigia compresa tra i 300 e 500 metri la matrice geometrica di ogni parte, tanto del costruito quanto del suolo agricolo. Mai realizzato, il progetto di *Agricultural City* si inserì all'interno della corrente metabolista di cui lo stesso Kurokawa fu protagonista negli ultimi decenni del XX secolo.

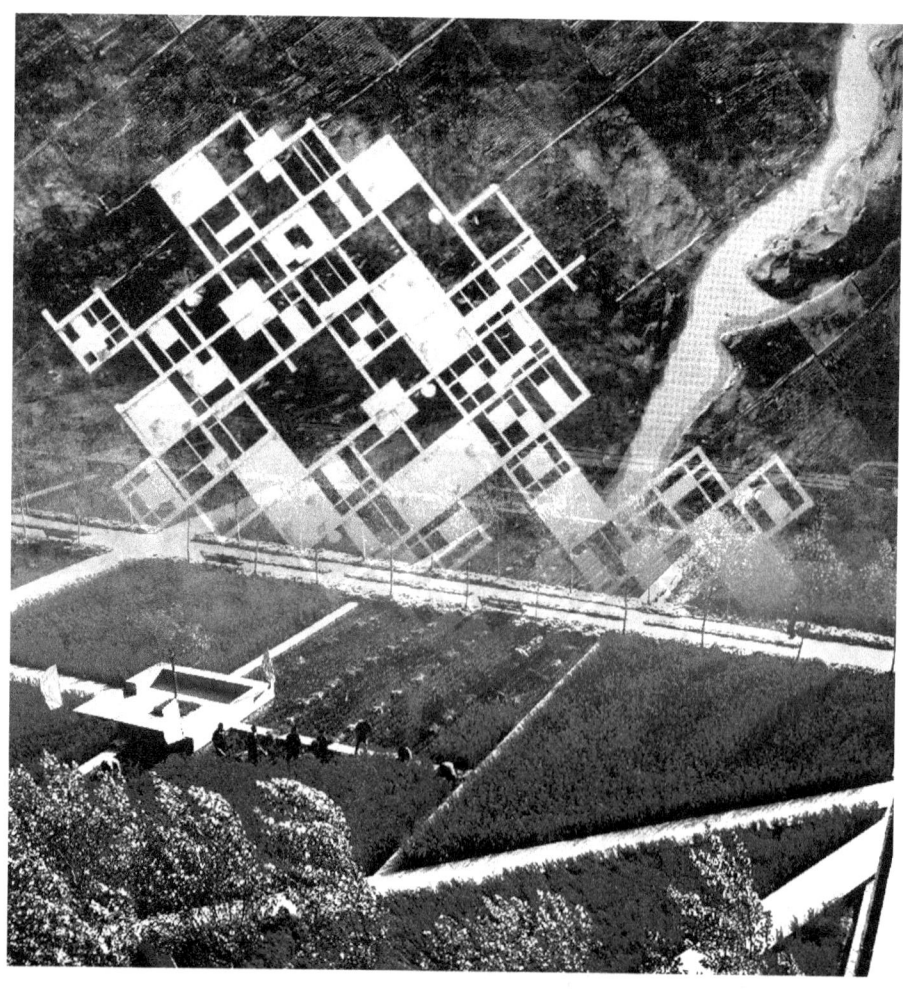

Un riferimento: Agricultural City di Kisho Kurokawa, fotomontaggio dell'autore, Roma 2024.

Bibliografia

Lickwar, Phoebe, Thoren, Roxi. 2020 - *Farmscape: The Design of Productive Landscapes*. Londra: Routledge.

Saunders, William S. 2013 - *Designed Ecologies: The Landscape Architecture of Kongjian Yu*. Basilea: Birkhäuser.

Ezban, Michael. 2019 - *Aquaculture Landscapes. Fish Farms and the Public Realm*. Milton Park: Taylor & Francis Ltd.

Mertens, Elke. 2009 - *Visualizing Landscape. Architecture Functions, Concepts, Strategies*. Berlino: Walter de Gruyter GmbH.

Mooney, Patrick. 2019 - *Planting Design Connecting People and Place*. Milton Park: Taylor & Francis Ltd.

Waterman, Tim. 2015 - *The Fundamentals of Landscape Architecture*. Londra: Bloomsbury Publishing.

Zeunert, Joshua. 2017 - *Landscape Architecture and Environmental Sustainability Creating Positive Change Through Design*. Londra: Bloomsbury Publishing.

Ippolito, Achille Maria. 2017 - *Nature urbane per la città futura Fenomenologie, interpretazioni, strumenti e metodi*. Milano: Franco Angeli Edizioni.

Dello sforzo di riportare la lattuga al centro del villaggio (e di costruirle una bella casa)

Alessandro Di Egidio

Quando ci si interroga sulle modalità della transizione ecologica spesso si tralascia la domanda che è a monte di questo pilastro del dibattito contemporaneo: transizione si, ma verso quale direzione? (Armiero 2023).

Per la prima volta, da quando il termine si è affermato come una necessità impellente del nostro presente per assicurare un futuro, il concetto è stato chiarito da una storica decisione presa in seguito all'accordo tra il Parlamento e il Consiglio Europeo.

Il 9 novembre 2023 a Bruxelles è giunto alla fase conclusiva il processo di approvazione della Nature Restauration Law, la nuova legge per il ripristino degli ambienti naturali a livello europeo. Punta di lancia di uno dei tre assi dell'European Green Deal, la misura prevede di ripristinare entro il 2030 almeno il 20% delle superfici terrestri e marine dell'Unione, il 15% dei fiumi nella loro lunghezza e la realizzazione, sempre entro la stessa data, di elementi paesaggistici ad alta biodiversità su almeno il 10% della superficie agricola utilizzata[1].

Poche settimane dopo il suo annuncio, le istituzioni europee sono state costrette a fare dei passi indietro su molti degli obiettivi fissati: un enorme esercito di trattori provenienti da differenti nazioni marciava verso Bruxelles gridando contro le politiche di riduzione delle emissioni

---

[1] Niranjan, Ajit. 2023. "EU passes nature restoration law in knife-edge vote" *The Guardian*, ultima modif. 12 luglio 2023. https://www.theguardian.com/world/2023/jul/12/eu-passes-nature-restoration-law-vote-meps

e di protezione degli ambienti selvatici².

Senza entrare nel merito di una complessa e scivolosa discussione politica, si può appurare come il rapporto antagonistico che da sempre ha contraddistinto la relazione tra ambiente agricolo e ambiente selvatico abbia raggiunto oggi livelli di esasperata tensione.

La disperazione degli agricoltori che denunciano di non poter sopravvivere seguendo le disposizioni di salvaguardia dell'ambiente pone l'umanità con le spalle al muro. Stiamo assistendo all'erosione contemporanea di due mondi che sono alla base della nostra sussistenza e sopravvivenza.

La crisi del mondo selvatico è così palese che ormai anche i più importanti organi continentali hanno dovuto provvedere ad una legge di protezione e rilancio, come la già menzionata Restauration Law. Questa legge, insieme alle sue diverse declinazioni multiscalari, si estende dalla Strategia Europea per la Biodiversità, dettagliatamente adottata da ogni stato membro, fino alle Strategie Nazionali per il Verde Urbano, mirate a riforestare le città.

Sebbene il mondo della produzione agricola abbia in qualche maniera contribuito alla devastazione del selvatico per ampliare il proprio raggio di azione e quindi trarre maggior profitto – si pensi agli incendi dei boschi del Portogallo per far spazio alle piantagioni di eucalipto o ai ben più catastrofici attentati alla foresta amazzonica – l'effetto che sta ottenendo è contrario rispetto ai propri obiettivi. Anche il mondo della produzione di cibo sta difatti attraversando una profonda crisi: la sicurezza alimentare globale è stata significativamente minacciata dalla pandemia di Covid-19 insieme ai fattori prolungati di insicurezza alimentare; tra cui il cambiamento climatico, la scarsità di risorse agricole, una crisi energetica, l'incremento della popolazione, l'urbanizzazione e i recenti eventi bellici (Oh, Cave, Lu 2021).

La degradazione del suolo è un problema particolarmente grave: bisogna fare i conti con una riduzione dei terreni coltivabili e con una crisi idrica sempre più imminente. In generale stanno cambiando le condizioni alla base della sussistenza alimentare, il che conduce all'urgenza di ripensarne le modalità di produzione (Oh, Cave, Lu 2022).

---

[2] Niranjan, Ajit. 2024. "European parliament votes for watered-down law to restore nature", *The Guardian*, ultima modif. 27 febbraio 2024.
https://www.theguardian.com/environment/2024/feb/27/european-parliament-votes-for-watered-down-law-to-restore-nature-farmers-protests

Il modello delle *vertical farm* si sta presentando globalmente come una soluzione possibile. Negli ultimi anni del secolo scorso Dickson Despommier, professore emerito alla Columbia University specializzato in microbiologia e salute pubblica, rilevata l'insufficienza della superficie dei tetti di New York per rispondere al fabbisogno di cibo urbano, pensò di inserire la produzione di cibo negli edifici vacanti, aprendo così le porte al modello dell'agricoltura verticale (Kobayashi 2024). Dieci anni dopo l'intuizione di Despommier, le *vertical farm* sono diventate un fenomeno di diffusione globale. Basate su un sistema di coltivazione *indoor* reso possibile grazie a tecnologie che restituiscono, monitorano e rendono costanti le condizioni di crescita degli ortaggi, le fattorie verticali assicurano una produzione cento volte maggiore rispetto a quella orizzontale in terra e quindici volte rispetto alla coltivazione in serra (Kozai et al. 2015).

Consumando una quantità esigua di suolo possono ristabilire un equilibrio tra l'ambiente agricolo e quello selvatico, con il primo che si sposta nelle città lasciando la possibilità al secondo di svilupparsi nuovamente. Proprio il fatto di portare la produzione agricola nelle città mitigherebbe i costi e gli effetti ambientali relativi alle catene di trasporto; dal punto di vista della sicurezza alimentare, le coltivazioni *indoor* correrebbero molti meno rischi rispetto a quelle esposte agli agenti atmosferici, ai batteri ed ai patogeni presenti all'esterno, riducendo così anche l'uso dei pesticidi e dei diserbanti. Tuttavia, questo comporterebbe un ulteriore processo di *commodification* del cibo (Buscher, Bakunowitsch, Specht 2023) darebbe cioè ancora di più adito alla tendenza di trasformare elementi inalienabili, liberi o comunque simbolici in un prodotto commercializzabile o pornografico. Il totale controllo delle condizioni di crescita degli ortaggi, svincolati del tutto dalle logiche cicliche ed imprevedibili del mondo naturale, sta portando in alcuni casi ad una vera e propria progettazione del prodotto alimentare, sempre più suscettibile a rispondere a canoni estetici o gastronomici. Inoltre, non si può non considerare che il contraltare ai numerosi benefici sopraelencati è quello di un enorme consumo energetico per creare l'ambiente artificiale adatto alla coltivazione; soprattutto non si può soprassedere sul fatto che, con effetti molto più catastrofici di una condizione climatica avversa stagionale, una qualsiasi crisi energetica metterebbe a repentaglio il livello di sicurezza alimentare che si cercava di assicurare.

Come è inevitabile, si aprono i battenti di una discussione filosofica e morale: questa innovazione può ricadere nel regno del messianico –

dominio che la scienza sembra aver perso da un po' ormai, vedi concetto di vergogna prometeica – o quanto meno nel registro delle soluzioni senza effetti indesiderati o non calcolati peggiori delle condizioni di partenza? Lasciare alla tecnica il controllo totale sulla produzione del cibo non è un riprodurre e rendere stabili le condizioni e le premesse che hanno portato a questo stato di perma e poli crisi a cui stiamo tentando di rispondere – con ulteriore tecnica?

Per potersi figurare uno scenario futuro alla luce di una mutata produzione agricola bisogna immaginare come si trasformerebbero le città. Come si presenta fisicamente una fattoria verticale? Si rileva immediatamente una discrepanza nell'immagine di un futuro *green* e radioso e l'effettiva realtà delle *vertical farm*: se nell'immaginario architettonico queste si trovano in edifici moderni vetrati e dalle forme non austere che colorano il cielo con la natura variopinta e succulenta che ospitano, nel concreto le più efficienti – e meno costose – *vertical farm* si trovano in dei container ultra tecnologici a chiusura ermetica. Il bisogno di tenere sotto controllo il microclima, l'esposizione luminosa, l'irrigazione, fa sì che gli ortaggi crescano in capsule totalmente industrializzate, su scaffali per nulla dissimili da quelli dei magazzini di un centro commerciale.

Ed è forse questo uno dei fattori più rivoluzionari della tipologia! Si possono trovare ovunque, perfino nei parcheggi di un quartiere HLM di Parigi (vedi *La Caverne* a Porte de La Chapelle).

Quando nei motori di ricerca si affianca la parola *architecture* a *vertical farm* vediamo che gli esempi mostrati sono ben diversi da quelli che effettivamente producono cibo rispondendo ad una crisi globale: troviamo grattacieli con balconi verdeggianti, uffici che hanno la loro parete attrezzata compostabile, finestre alle quali sono appesi dei jeans ripieni di terra con delle piante di avocado costrette all'interno.

È dunque immediata la domanda: qual è il ruolo dell'architettura di fronte a questo capolavoro della tecnica che annulla completamente il senso dello spazio? Al furto della produzione di cibo alla *terra madre* – gli slogan delle aziende produttrici recitano proprio «riscopri il gusto della natura nella sua nuova dimensione» – si dovrà aggiungere il lutto dell'architettura che deve riconoscere la sua inutilità di fronte ai meccanismi tecnici della macchina produttiva?

Il confronto con questa domanda riporta al dilemma che poneva Robert Pirsig ne *Lo Zen e l'arte della manutenzione della motocicletta:* un animo classico o un animo romantico? Dobbiamo dare un senso poetico alla produzione di cibo o possiamo distaccarcene completamente

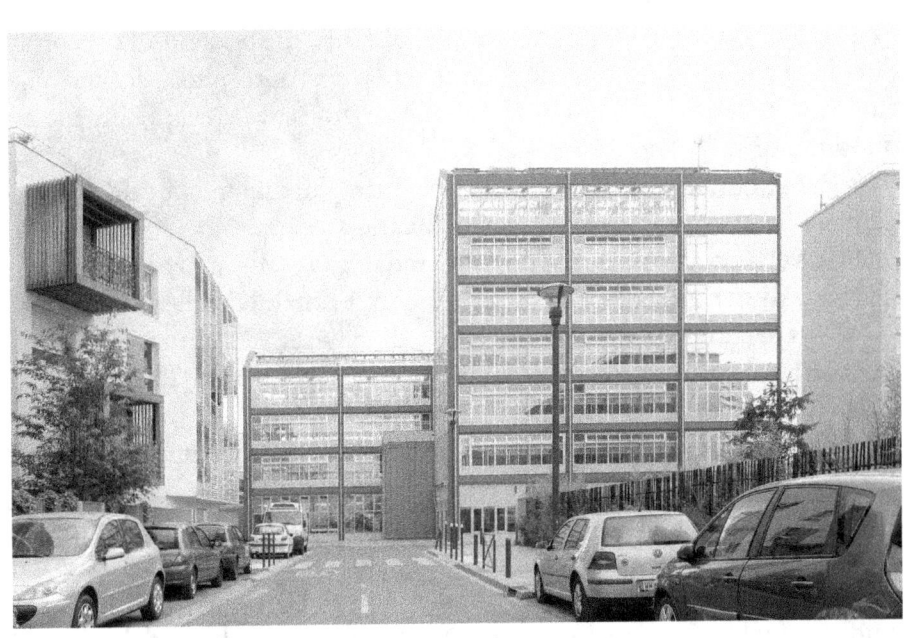

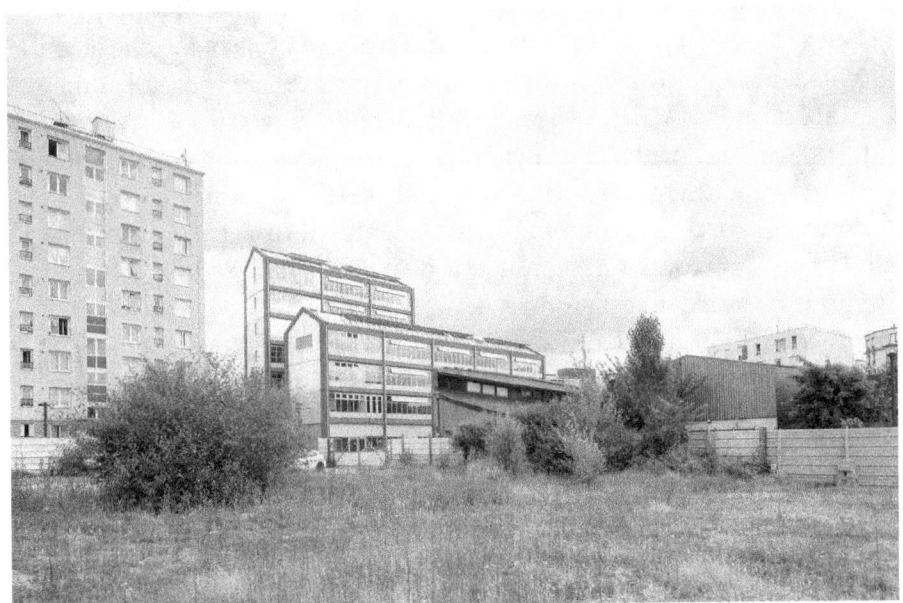

La Cité Maraichere, Ilimelgo. Fotografie di Sandrine Merc.

affidandola al principio di massima efficienza? Perché non rinchiudere maiali in grattacieli di ventisei piani se questo risponde al fabbisogno? E perché costruire nuovi edifici quando si possono riutilizzare contesti esistenti abbandonati?

Tra le due, è indubbiamente più difficile rispondere alla seconda domanda. Si possono fare degli sforzi per costruire nuovi scenari che riportino il senso della produzione all'interno della vita e dello spazio quotidiano?

Può questo gesto simbolico sovvertire le dinamiche che hanno generato questi problemi? Difficile sbilanciarsi e prendere nettamente una presa di posizione quando si sta affidando la sussistenza umana alla necessità di energia elettrica e quindi, ancora, a dinamiche di estrattivismo.

Quasi certamente era più decisa di chi scrive l'amministrazione della città di Romainville che ha deciso di finanziare nel 2015 la prima *ferme verticale* di Francia.

Dopo aver convertito molti tetti in orti, il progetto viene promosso per perseguire al meglio gli obiettivi di promuovere le filiere corte e garantire ai residenti cibo di qualità, ma anche per creare posti di lavoro, sviluppare un'economia sociale e comunitaria e sensibilizzare la cittadinanza alla gestione delle risorse alimentari ed energetiche. La *Cité Maraichère* dello studio ilimelgo è l'edificio vincitore del concorso indetto dalla *mairie* di Romanville. Si intuisce subito dai prospetti l'approccio aperto verso l'esterno del progetto: una cascata di finestrature translucide che lasciano intravedere le coltivazioni interne mentre le proteggono dall'ambiente urbano, inondato dalla luce riflessa. La trama di vetro mette in risalto il telaio della struttura, che si erge come un granaio dominando gli altri edifici del quartiere. La forma archetipica della capanna, suggerita dal tetto triangolare che sormonta i parallelepipedi di vetro, è un rimando alla tradizione contadina coniugata con quella industriale e denuncia subito la natura dell'edificio.

L'approccio alla coltivazione non è iper tecnologico come nelle *vertical farm* più efficienti: l'edificio è diviso in due ali che creano le condizioni per un adeguato soleggiamento ed ombreggiamento, il tetto a falda permette il recupero delle acque meteoriche, gli ortaggi non sono protetti da teche di vetro in cui si creano specifici microclimi ed esposizioni ultraviolette, ma disposti lungo ballatoi continui che lasciano un vuoto centrale a tutta altezza. Realizzata in materiali organici come balle di fieno e isolato con fibra di legno, la *Cité Maraichère* si differenzia dalle più grigie capsule metalliche. Pensato come uno spazio pubblico

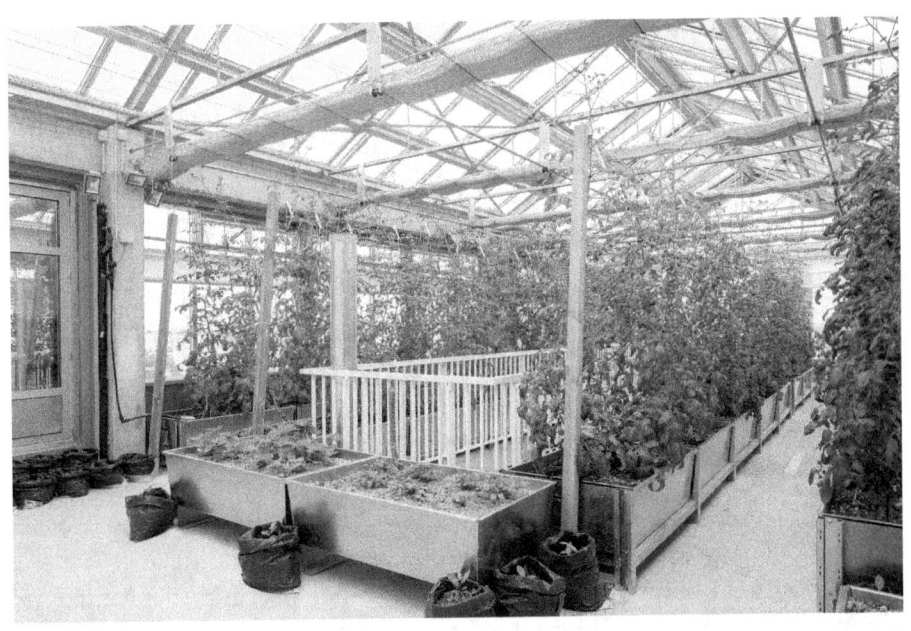

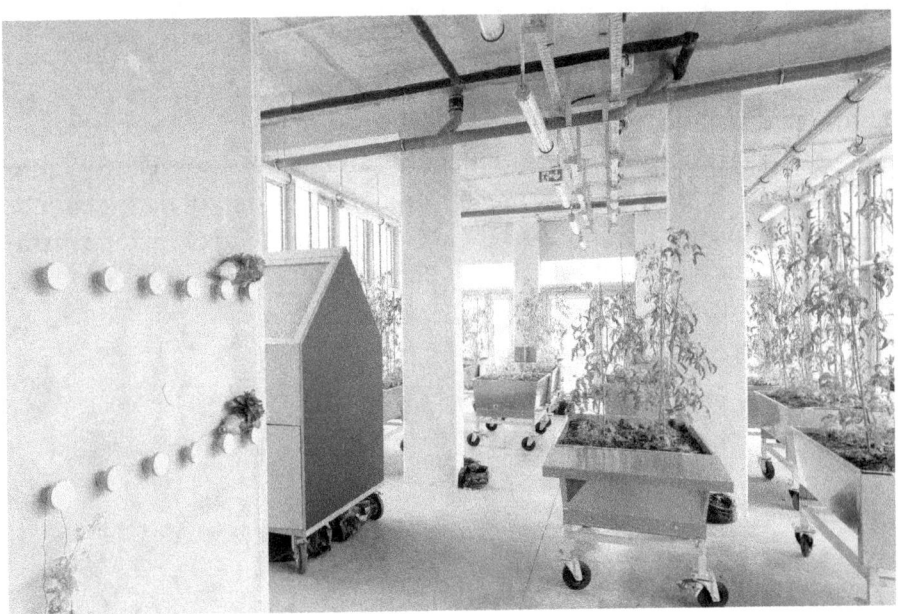

La Cité Maraichere, Ilimelgo. Fotografie di Sandrine Merc.

per la cittadinanza, il piano terra collega i due corpi produttivi per mezzo di un terzo corpo dalla forma analoga, ma di dimensioni molto più modeste, che sembra quasi schiacciato dalla mole delle due alte navate laterali.

Di notte l'illuminazione interna proietta verso l'esterno le coltivazioni indoor, ritmate ed esposte dal telaio strutturale. La notte è forse il momento in cui di più la *Cité Maraichère* si trasfigura da serra urbana a fattoria verticale come inteso propriamente dal termine: la luce artificiale svincola la coltivazione dalle condizioni metereologiche e temporali esterne, rispondendo in maniera più efficiente e meno umana al fabbisogno di cibo.

L'ambiguità che accompagna il progetto di Romainville è quella che affianca ogni progetto che avvicina un avanzamento tecnologico al senso comune della società: nello spettro del sostenibile si può sempre nascondere il fantasma del *greenwashing*. Sebbene sia un progetto sociale, dove anche il prezzo dei prodotti è variabile in base al reddito dei nuclei familiari, il rischio che la *Cité Maraichère* sia uno specchietto per le allodole è alto. Alla virtù di trasformare l'agricoltura in un fenomeno urbano che dia una risposta alle crisi elencate nella prima parte di questo testo, alla capacità di coinvolgere la cittadinanza nei processi di produzione alimentare, si deve raffrontare la parziale inefficienza della struttura, che con costi e dimensioni più contenute avrebbe potuto soddisfare un uguale fabbisogno.

Sarà il tempo a fornire la risposta ai quesiti che restano, se rimarrà il tempo di discutere sui risultati del progetto.

Ad oggi rimaniamo con il dubbio se l'architettura possa ancora funzionare come uno strumento, anche simbolico, di risposta alle crisi che scuotono il nostro presente o se abbia ormai assunto una funzione meramente estetica e consolatoria di adeguamento alla catastrofe.

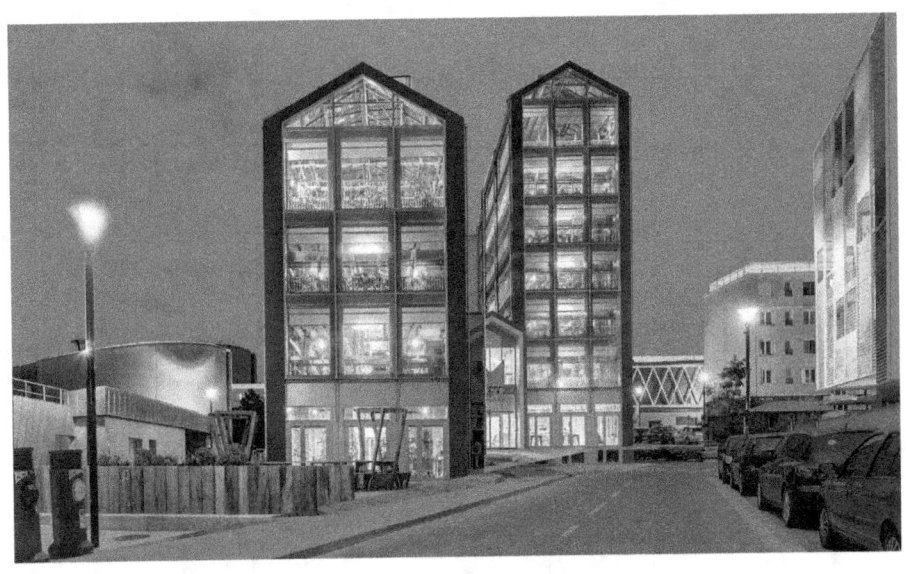

La Cité Maraichere, Ilimelgo. Fotografia di Sandrine Merc con rielaborazione cromatica dell'autore.

Bibliografia

Armiero, Marco. 2022 - *La natura del duce. Una storia ambientale del fascismo.* Torino: Einaudi

Oh, Soojin; Cave, Gareth; Lu Chungui. 2021 - "Vitamin B12 (Cobalamin) and micronutrient fortification in food crops using nanoparticle technology". *Frontiers in Plant Science,* 12.
https://doi:10.3389/fpls.2021.668819

Oh, Soojin; Lu Chungui. 2022 - "Vertical farming - smart urban agriculture for enhancing resilience and sustainability in food security". *The Journal of Horticultural Science and Biotechnology,* 98.
https://doi.org/10.1080/14620316.2022.2141666

Kobayashi, Keigo. 2024 - "Foodscape for Security" in *a+u Architecture and Urbanism,* 2404-643. Tokyo: Shinkenchiku-sha.

Buscher, Jost; Bakunowitsch, Julija; Specht, Kathrin. 2023 - "Transformative Potential of Vertical Farming - An Urban Planning Investigation Using Multi-Level Perspective" *Sustainability 2023,* 15(22), 15861.
https://doi.org/10.3390/su152215861

Kozai, Toyoki; Niu, Genua; Takagaki, Michiko. 2015 - *Plant factory: An indoor vertical farming system for efficient quality food production.* Amsterdam: Elsevier Science.

Sembrava il paradiso

Vittoria Silvaggi

Il 9 novembre 1965 alle 17.17 un'area di 200.000 km² rimane al buio per dodici ore. Alle 17.28 le luci di Manhattan si spengono e successivamente accade lo stesso in Massachusetts, Connecticut, Rhode Island, Vermont, Maine, New Hampshire e due province canadesi. Gli interruttori si accendono a vuoto, le lavatrici non girano più, si spengono i semafori, il traffico è paralizzato, così come le sale operatorie negli ospedali e le piste di atterraggio negli aeroporti, metropolitane e ascensori diventano trappole per migliaia di persone bloccate alcuni metri sotto terra o alcune decine sopra. Nella centrale idroelettrica di Niagara Falls un contatto elettrico ha generato il primo black-out documentato della storia. Robert Wagner, all'epoca sindaco di New York, la definisce «la più bella notte della città»[1]. Improvvisamente e per la prima volta la collettività fa i conti con l'incubo della disconnessione. La magia che alimenta schermi televisivi e frigoriferi finisce per catapultare milioni di persone in un ritorno al passato sperimentabile anche oggi.

Trascorsi quasi sessant'anni infatti la realtà in cui viviamo è sempre più dipendente da una complessa infrastruttura tecnologica: assistenti virtuali, realtà aumentata, intelligenza artificiale, domotica, robotica e

---

[1] Si veda: Zampaglione, Arturo. 1994. "1965: La notte scese sulle luci di New York." *Repubblica*. Ultima modif. 25 agosto 1994. https://ricerca.repubblica.it/repubblica/archivio/repubblica/1994/08/25/1965-la-notte-scese-sulle-luci-di.html

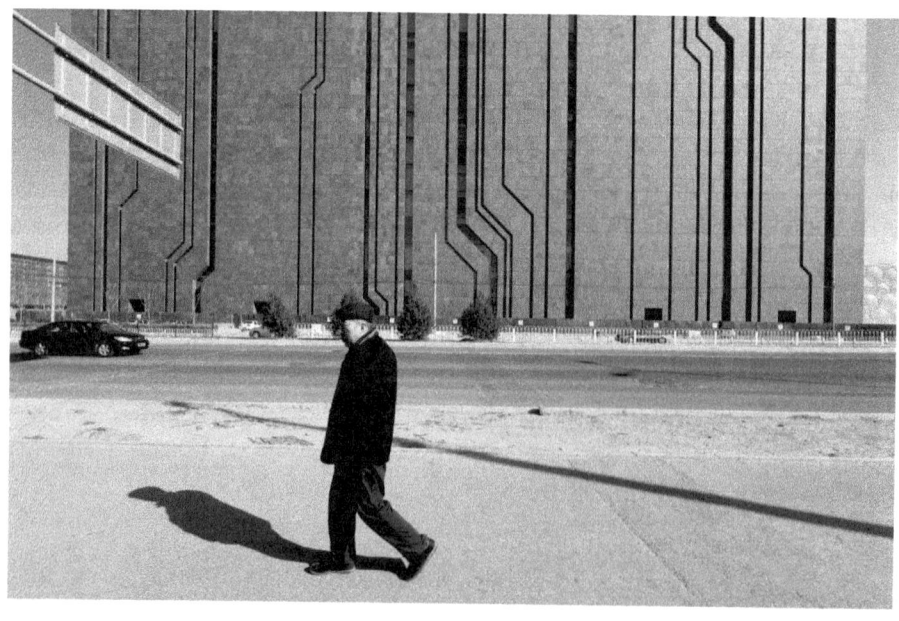

Facciata principale del Digital Beijing Building, Pechino, Studio Zhu Pei, 2017. Per gentile concessione dello studio Zhu Pei Foto ©Iwan Baan.

social network trasfigurano l'individuo in un automa in stato vegetativo. Come suggerito da Tomás Maldonado in *Reale e virtuale* (2015), il carattere immateriale dell'esistenza umana cresce inarrestabile, mentre l'universo degli oggetti concreti si contrae. Tuttavia nelle periferie del mondo la sua sostanza materiale persiste, volutamente nascosta allo sguardo delle masse, cavalcando l'assunto sostenuto da Byung-Chul Han secondo cui l'apparenza nella contemporaneità è condizione di esistenza: tutto ciò che non è esposto alla vista non esiste (2020). Perciò la retorica della virtualità e della smaterializzazione, che trova nel *cloud* la sua icona più efficace, si fonda su un'illusione di trasparenza.

Quasi settemila satelliti di comunicazione geostazionari viaggiano in orbita fornendo tv, telefonia e internet veloce[2]. Fibra ottica terrestre attraversa le strade in mini trincee. Torri e antenne cellulari offrono connettività *wireless*. Centri di elaborazione dati riducono la latenza[3] e migliorano le prestazioni dei servizi online. Reti di server memorizzano e consegnano contenuti digitali agli utenti finali. *Data center* forniscono archiviazione e elaborazione dati. Cinquecentocinquanta cavi internet solcano i mari di tutto il mondo coprendo una distanza di circa 1,5 milioni di chilometri[4]. A centinaia di metri di profondità ogni anno rischiano più di cento rotture, di cui in media ottantasette causate dall'intervento umano, per errori involontari o azioni dolose. È sufficiente infatti che un piccolo sottomarino scenda in profondità e tranci il cavo per interrom-

---

[2] Si veda: Il Sole 24 ore Infodata. 2023. "Quasi 7.000 satelliti orbitano attorno alla Terra. Chi li controlla?" *Il Sole 24 ore*. https://www.infodata.ilsole24ore.com/2023/10/21/quasi-7-000-satelliti-orbitano-attorno-alla-terra-chi-licontrolla/

[3] In informatica e nelle telecomunicazioni la latenza di rete indica il tempo che impiega un pacchetto di dati per viaggiare dalla sorgente alla destinazione attraverso una rete. È spesso misurata in millisecondi e può essere influenzata da vari fattori come la distanza fisica, la qualità della connessione e la congestione della rete. La latenza di sistema invece indica il tempo che intercorre tra l'input dell'utente (come un click del mouse o la pressione di un tasto) e la risposta visibile del sistema (come l'apertura di una finestra o l'esecuzione di un comando).

[4] Si veda: Telegeography's Transport Network Service. 2024. "Submarine Cable Map." *Telegeography's Transport Network Service*. https://www.submarinecablemap.com
Per approfondire si veda: Tremolada, Luca. 2024. "Quanto è estesa la rete di cavi sottomarini che contribuiscono a sostenere il traffico web." *Il Sole 24 ore*. Ultima cons. 5 settembre 2024. https://www.infodata.ilsole24ore.com/2024/03/05/quanto-e-estesa-la-rete-di-cavi-sottomarini-checontribuiscono-a-sostenere-il-traffico-web/

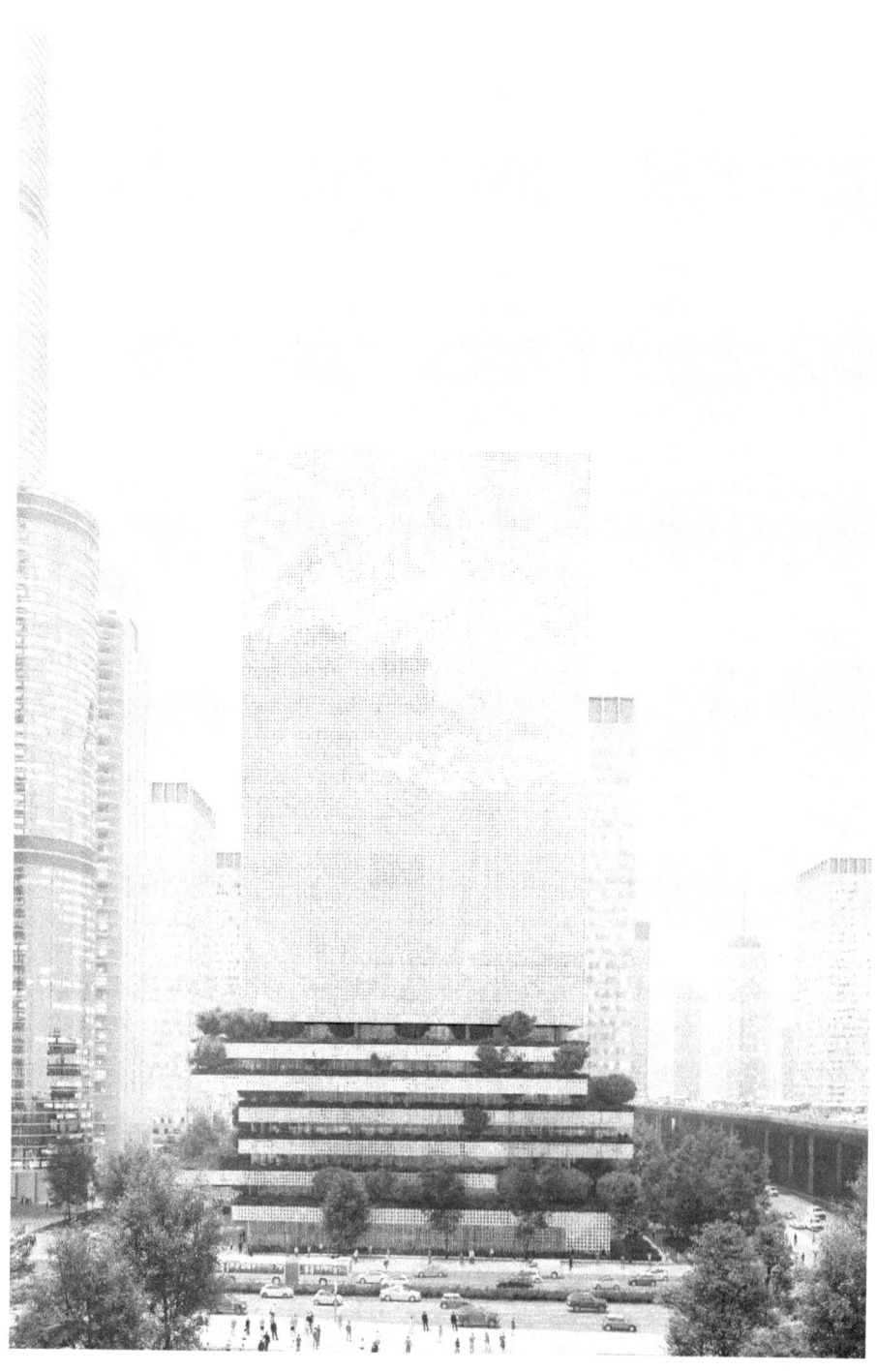

Proposta vincitrice del secondo premio per il Qianhai datacenter, Shenzhen (Cina), Mecanoo, 2018. Per gentile concessione di Mecanoo.

pere la connessione anche in diversi paesi.

Fragile e strumentalmente nascosta è la macchina necessaria al sostentamento di uno stile di vita a cui non sappiamo rinunciare. Menti mai sazie di Amazon, Instagram e Tinder alimentano un bisogno irresponsabile e insaziabile di energia. Prese elettriche intelligenti e comandi remoti popolano le case. Batterie sempre più durevoli, consumate ancora più rapidamente, si contendono il mercato. La cosiddetta "nuvola" è una lampada di plastica. L'invenzione di una realtà *wireless* si rivela un inganno: sotto il tappeto si cela un modello di sviluppo energivoro e insostenibile, assetato di materialità.

Non solo chilometri di cavo, ma anche, e forse soprattutto, metri cubi di spazio: in crescita esponenziale si trova il comparto delle infrastrutture del digitale, ma anche delle vere e proprie architetture a sostegno della realtà virtuale. Le scatole nere di Google hanno colonizzato ormai quasi tutto il pianeta: dal 2007, anno in cui fu costruito il primo *data center* del motore di ricerca californiano, ventiquattro centri di archiviazione e elaborazione dati di Google sono stati realizzati tra Nord e Sud America, Europa e Asia[5]. Enormi contenitori di dati, divenuti indispensabili a partire dalla fine degli anni Novanta, oggi vengono costruiti ad un ritmo tanto frenetico da rendere impossibile indicarne il numero preciso. L'analogia con il deposito li tormenta. Tipologicamente si presentano come ibridi: al magazzino devono quella struttura in grado di ricevere merci, conservarle e renderle disponibili, alla fabbrica la concentrazione di una grande quantità di impianti e tecnologie. Alla biblioteca devono la custodia di un sapere la cui sostanza, altamente sorvegliata, non può essere rimossa dallo scaffale. E al museo la raccolta di un patrimonio prezioso, ma inaccessibile. Architetture necessarie e inospitali, i *data center* appartengono a quella categoria di spazi concepiti per le macchine in cui l'uomo viene ammesso soltanto in quanto manutentore e sorvegliante. Architetture senza vita, ventilate e illuminate artificialmente, sigillano completamente il loro contenuto. L'anonimato più totale li avvolge: relegati in ambiti marginali, lontano da occhi indiscreti, l'involucro esterno cieco costituisce spesso l'unico elemento caratterizzante quelli che restano nella maggioranza dei casi soltanto contenitori indifferenziati. Blu, rosso, giallo e verde, i colori del logo, offrono un volto sorridente alle facciate dei *data center* di Google. Ad ogni modo precluso allo sguardo

---

[5] Si veda: Google. n.d. 2024. "Scopri le sedi dei nostri data center." *Google*. Ultima cons. 5 settembre 2024. https://www.google.com/about/datacenters/locations/

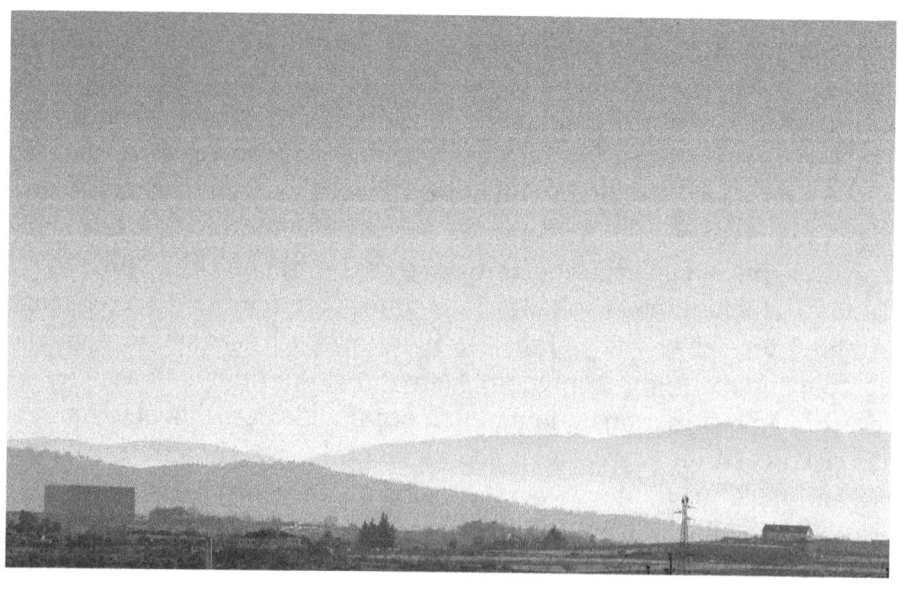

Covilhã data center, Covilhã (PT), studio Carrilho da Graça, 2013. Per gentile concessione dello studio Carrilho da Graça. Foto ©fg+sg - fotografia de arquitectura, Rita Burmester.

resta il loro interno. Gigante la dimensione come il consumo di energia, specialmente per quanto riguarda i primi esemplari della specie, realizzati in luoghi talvolta eccezionalmente caldi senza tenere conto delle ricadute che le condizioni climatiche hanno sull'impiego di elettricità[6]. Fondamentale dunque impedire interruzioni nella fornitura energetica, ma anche assicurare la protezione dai *cyber*-attacchi. Piuttosto che intorno alle grandi banche il business della sicurezza si sviluppa attorno a queste nuove cattedrali: la riservatezza dei dati conservati fa assomigliare tali contenitori a vere e proprie casseforti dotate delle attrezzature più all'avanguardia. I *data center* sono presidiati 24/24 da guardie addette alla sicurezza, l'accesso è consentito solo al personale e dietro autorizzazione, il loro perimetro è sorvegliato da telecamere, recinzioni, serrature, sensori di movimento e di rilevamento gas e fumi. *Check-point* di autenticazione e *scanner* biometrici regolano gli accessi. Sistemi avanzati raccolgono e analizzano dati per individuare attività sospette. *Firewall*[7] e tecnologie di analisi delle intrusioni monitorano il traffico di rete in tempo reale. La posizione isolata si fa garanzia di un controllo totalizzante. Scattare fotografie e registrare video all'interno non è concesso se non in casi straordinari e per scopi specificatamente legittimati. Un rigido copione detta i confini di quelli che potremmo definire spazi rituali in cui non c'è posto per l'improvvisazione.

Negli ultimi due decenni si sta diffondendo una nuova generazione di *data center* che mette in discussione le caratteristiche codificate di cui sopra e il ruolo prettamente utilitaristico per conferirgli una nuova centralità. La pervasività e la rilevanza di questi edifici li strappa all'isolamento dei primordi per traghettarli in una nuova stagione.

A Pechino il *Digital Beijing Building* dello studio cinese Zhu-Pei[8] si

---

[6] I *data center* richiedono una notevole quantità di energia non solo per alimentare i loro server, ma anche per il loro raffreddamento. I server generano calore mentre eseguono le operazioni, e se non vengono raffreddati adeguatamente, possono surriscaldarsi e danneggiarsi necessitando quindi di sofisticate tecnologie di raffreddamento per mantenere le temperature interne entro limiti sicuri.

[7] Un *firewall* è un dispositivo di sicurezza di rete progettato per monitorare e controllare il traffico di rete in entrata e in uscita sulla base di regole di sicurezza predefinite. Il suo scopo principale è proteggere le reti interne private da accessi non autorizzati e da minacce esterne.

[8] Per approfondire si veda: Zhu-Pei Studio. 2007. "Digital Bejing." *Zhu-Pei*. https://www.world-architects.com/en/studio-zhu-pei-beijing/project/digital-beijing

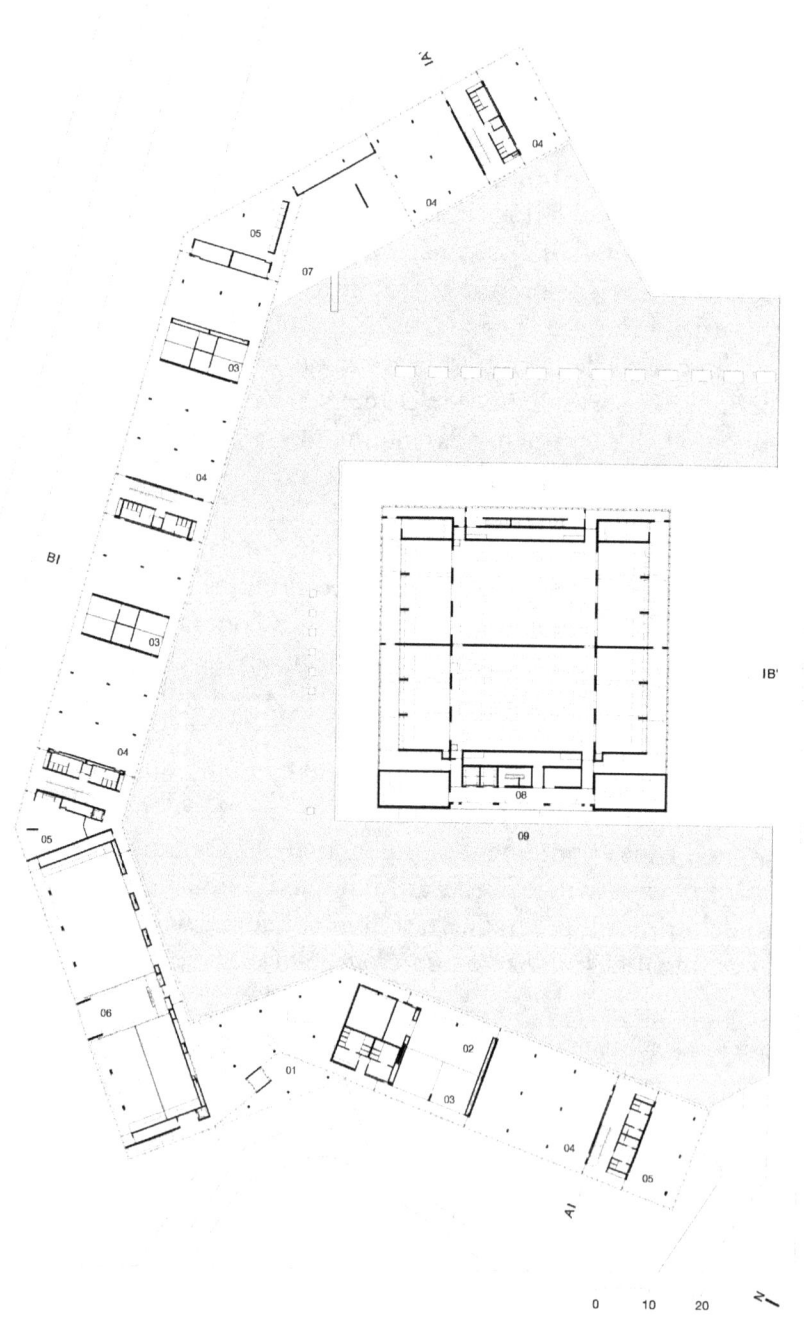

Pianta del piano terra, Covilhã datacenter. Per gentile concessione dello studio Carrilho da Graça.

colloca all'interno della città, non lontano dallo stadio olimpico concepito dagli architetti svizzeri Jacques Herzog e Pierre de Meuron. La posizione centrale sostituisce quella periferica alla ricerca di un'integrazione con l'ambito urbano. Il convincimento che la città delle macchine debba essere ghettizzata è superato. L'involucro esce dall'anonimato e diventa un vero e proprio tema progettuale, occasione per esprimere il contenuto dell'edificio attraverso una maschera che simula il codice a barre o la figura di un circuito elettronico. Le linee del circuito sono incisioni che, lasciandosi attraversare dalla luce artificiale, animano la struttura nelle ore notturne. Costruito per le olimpiadi del 2008, l'edificio è pensato per adattarsi, in un futuro non molto lontano, a nuove e differenti funzioni.

Nel progetto dello studio olandese Mecanoo[9] a Shenzen il *data center*, anche qui integrato con il tessuto urbano, si configura come una torre alta 113 metri. Avvolta da uno schermo *pixelato*, diventa un faro digitale: l'involucro cieco si fa dispositivo prestato alla comunicazione visiva nel tentativo di stabilire un dialogo con la città. La parte basamentale della torre, pensata per accogliere sei livelli di uffici, combina ambiti umani e non umani, eludendo la tipica destinazione ad uso esclusivo delle macchine.

Nel comune di Campinas nello Stato di San Paolo in Brasile lo studio brasiliano Loeb Capote realizza per la banca Santander nel 2013 un gruppo di tre *data center*[10] sviluppati su due livelli interrati destinati alle macchine e un livello fuori terra destinato alle persone. Quest'ultimo ospita gli uffici della società ed è trattato come un tempio: imponenti pilastri a fungo in cemento armato sostengono la copertura degli ambienti interni affacciati su lussureggianti spazi verdi caratterizzati dalla presenza dell'acqua. Il *data center*, contenuto nel terreno, costituisce le fondamenta e il basamento su cui si erge un'architettura dal carattere monumentale. La recinzione, solitamente strumento difensivo e deterrente, diviene dispositivo per definire l'architettura dei giardini e articolarne lo spazio, facendosi supporto per la vegetazione e contenitore per l'acqua.

A Covilhã, una cittadina di cinquantamila abitanti a est di Coimbra,

---

[9] Si veda: Mecanoo. 2018. "Qianhai Data Center." *Mecanoo*.
https://www.mecanoo.nl/Projects/project/231/Qianhai-Data-Center
[10] Per approfonfire si veda: ArchDaily. 2013. "Santander Datacenter/LoebCapote Arquitetura e Urbanismo." Ultima cons. 5 settembre 2024.
https://www.archdaily.com/454010/santander-datacenter-loeb-capote-arquitetura-e-urbanismo

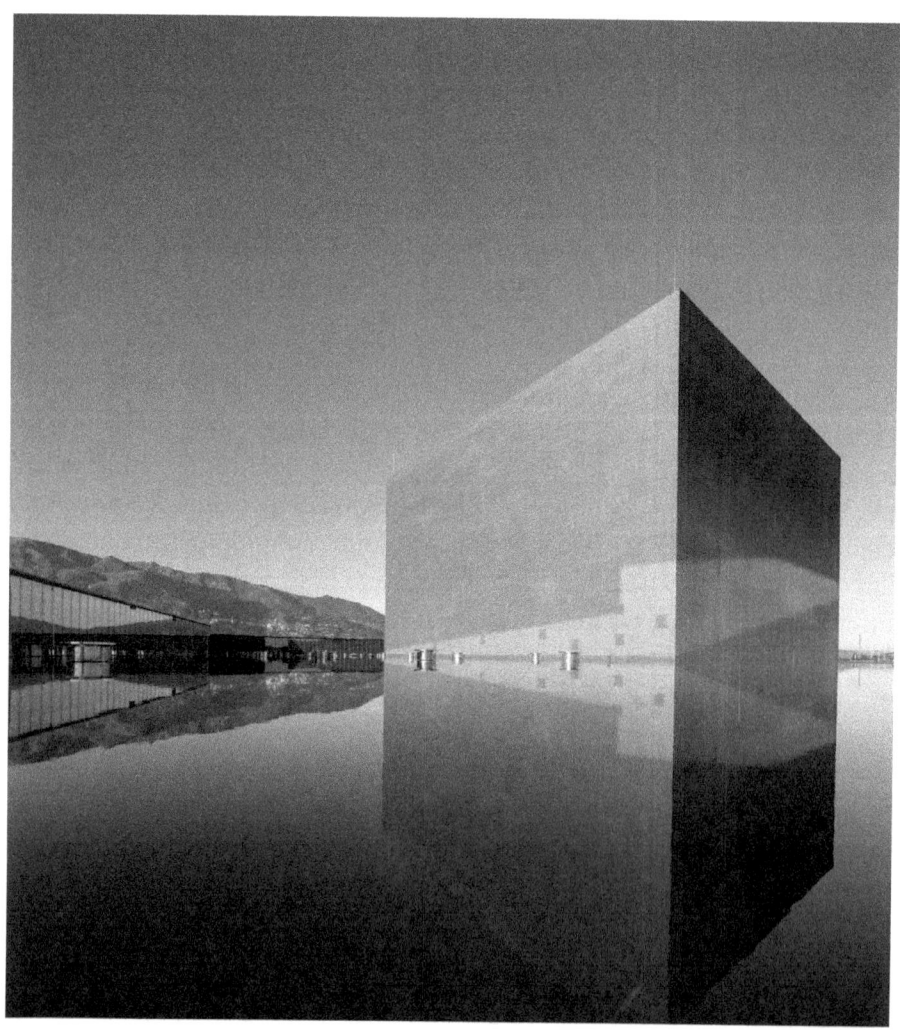

Covilhã data center, Covilhã (PT), studio Carrilho da Graça, 2013. Per gentile concessione dello studio Carrilho da Graça. Foto ©fg+sg - fotografia de arquitectura, Rita Burmester.

si trova il più grande *data center* del Portogallo e uno dei più grandi al mondo[11]. Realizzato nel 2013 su progetto dell'architetto João Luís Carrilho da Graça, dista circa quattro chilometri dal paese e si colloca a sud della catena montuosa della Serra da Estrela, in una zona le cui principali attività economiche comprendono il settore tessile, l'agricoltura e l'estrazione mineraria.

Un'area pianeggiante di 75.000 m², prima destinata all'aeroporto, accoglie il complesso che si compone di cinque parti: quattro blocchi gemelli, da realizzarsi in fasi diverse, dedicati all'immagazzinamento dati e una stecca di supporto al comparto specialistico.

Gli edifici tecnici sono volumi stereometrici dalla pianta quadrata, con lato di 55 metri, alti circa 33 e disposti a 20 metri di distanza l'uno dall'altro a definire un impianto lineare. Soltanto uno dei quattro è stato realizzato, ma la struttura è predisposta appositamente per essere ampliata in futuro, se necessario, con l'aggiunta di moduli successivi identici al primo. Ciascun volume si sviluppa su tre livelli abitati da macchine (cinquantamila *server* su 3.000 m² di sale IT, ciascuna da 520 m²) e un livello seminterrato che ospita serbatoi d'acqua. A sostegno di ogni sala IT si trovano sistemi di ventilazione e raffrescamento sempre attivi con macchine che misurano fino a sette metri, impianti di refrigeramento adiabatico (che entrano in azione soltanto sei giorni all'anno, quando le temperature esterne sono troppo alte per il buon funzionamento dell'impianto di raffrescamento), e sistemi antincendio pervasivi. Generatori e batterie, a supporto del complesso nel caso di un'interruzione di energia, sono collocati al livello interrato in un corpo isolato lineare.

Il volume tecnico, realizzato in cemento armato, è rivestito da una lamina forata in alluminio che gli conferisce un aspetto unitario. Il rivestimento metallico protegge la struttura e il suo contenuto dalla radiazione solare, filtra le onde elettromagnetiche e consente il passaggio dell'aria per l'alimentazione degli impianti di ventilazione e raffrescamento. Inoltre durante il giorno assume colorazioni cangianti, dal nero all'argenteo, mentre la notte, illuminato dall'interno, lascia trasparire, senza rivelare completamente, la sagoma del suo contenuto.

---

[11] Si veda: Carrilho da Graça arquitectos. 2013. "Data center Portugal Telecom". https://www.carrilhodagraca.pt/data

Per approfondire si veda: Altice Portugal. 2013. "Visita guiada ao Data Center PT na Covilhã." Video YouTube, 9 ottobre 2013. Ultima cons. 1 luglio 2024. https://www.youtube.com/watch?v=2eTlBDnvBfk

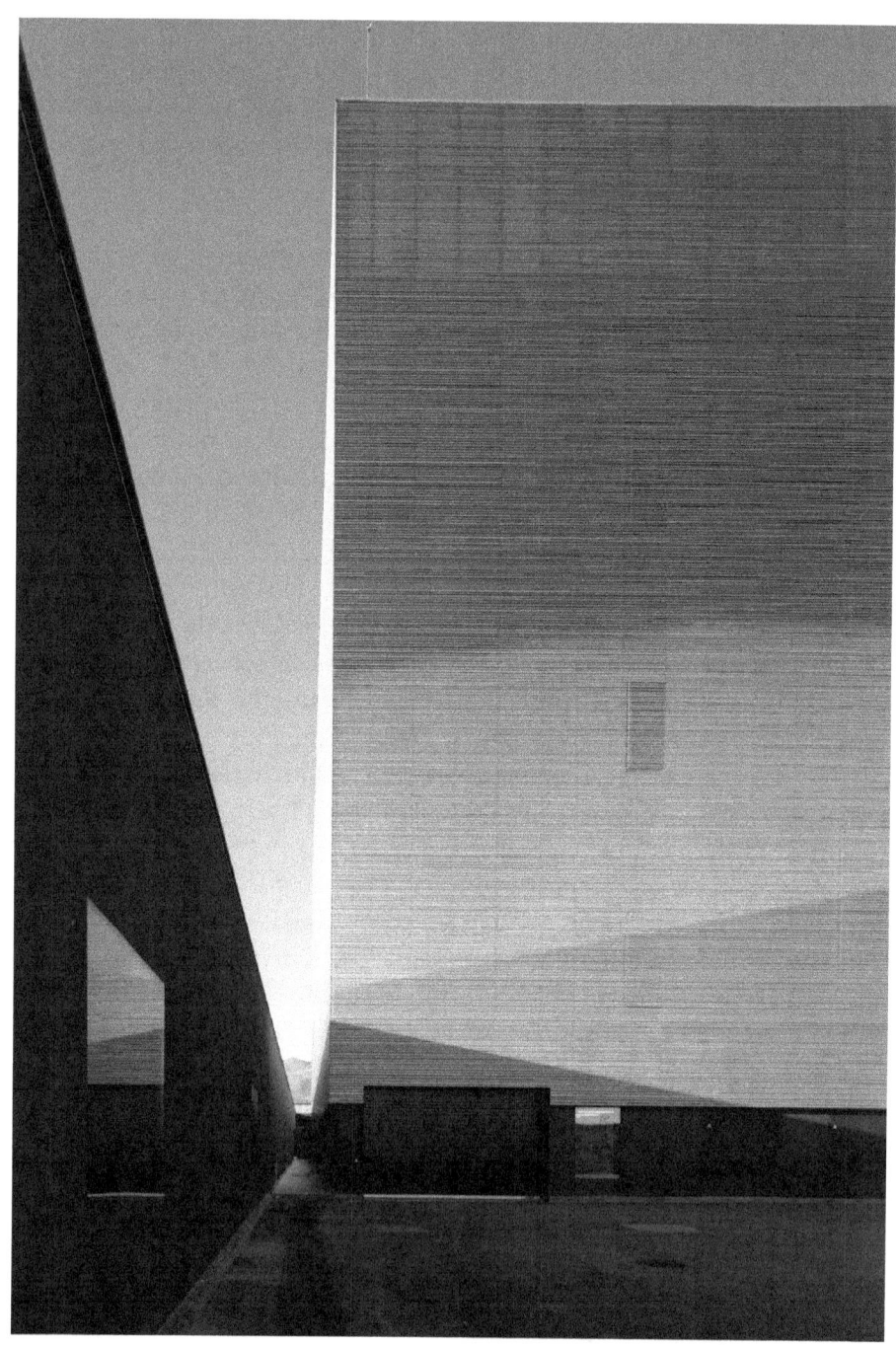

Covilhã data center, Covilhã (PT), studio Carrilho da Graça, 2013. Per gentile concessione dello studio Carrilho da Graça. Foto ©fg+sg - fotografia de arquitectura, Rita Burmester.

L'edificio di supporto è una linea spezzata di 335 metri per 20 di larghezza che definisce un recinto aperto attorno al primo dei volumi prismatici (l'unico realizzato). Il recinto, che si sviluppa su due livelli, rappresenta la porta di accesso al complesso. Al primo piano si trovano gli uffici con spazi di lavoro e di riunione, sale di telepresenza, auditorium, sala di crisi e terrazze; mentre al piano terra, parzialmente interrato, si trovano ancora uffici, ma soprattutto magazzini, parcheggi e zone tecniche. Nuclei verticali, disposti a misurare l'estensione della spezzata, mettono in comunicazione i due livelli attraverso scale e ascensori e contengono tutti gli ambiti funzionali a supporto degli uffici: servizi igienici, spazi per consumare i pasti o riposare e piccole sale riunioni. A questi spazi compressi si alternano ampi *open space* dedicati interamente al lavoro. L'edificio, con struttura in cemento armato e completamente vetrato, è caratterizzato da un duplice affaccio: il primo all'interno del complesso, dove sembra quasi custodire il blocco tecnico, e il secondo al di fuori con vista sul paesaggio antropizzato. L'ingresso della luce all'interno è mediato dalla presenza di sistemi schermanti governati da una tecnologia domotica che consente di regolare anche la temperatura.

Lo spazio tra il recinto e il volume tecnico è invaso dall'acqua: una lamina si insinua fino a lambire gli edifici completandone la figura attraverso il riflesso. Così il grande volume opaco sembra levitare e acquistare proporzioni quasi cubiche. Al di sotto della lamina, che funziona da scambiatore termico ed è alimentata da un sistema di raccolta dell'acqua piovana, una galleria collega i due corpi.

Il *data center*, che nel 2015 è stato insignito dell'EU Mies award[12], è alimentato da un parco fotovoltaico di circa milleseicento pannelli, che fornisce il 30% dell'energia necessaria all'edificio ausiliario, e ha ottenuto la certificazione Leed Gold per il blocco tecnico e Leed Platinum[13] per gli uffici. Un giardino con seicento alberi autoctoni completa il progetto degli spazi esterni.

Come un asteroide precipitato dal cielo l'edificio domina il contesto

---

[12] Il premio Mies van der Rohe è una competizione europea di architettura contemporanea a cadenza biennale indetta dalla Fondazione Mies van der Rohe e dal 2001 organizzata in collaborazione con la Commissione europea.

[13] La Leadership in Energy and Environmental Design (LEED) è il sistema statunitense di classificazione dell'efficienza energetica e dell'impronta ecologica degli edifici, sviluppato dallo U.S. Green Building Council (USGBC), fornisce un insieme di standard di misura per valutare le costruzioni sostenibili.

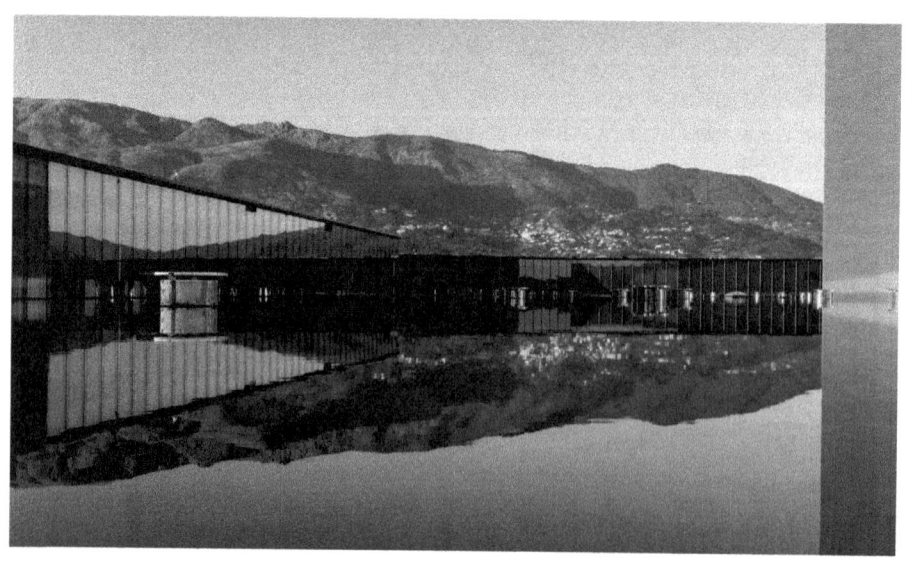

Covilhã data center, Covilhã (PT), studio Carrilho da Graça, 2013. Per gentile concessione dello studio Carrilho da Graça. Foto ©fg+sg - fotografia de arquitectura, Rita Burmester.

facendo della dismisura un punto di forza che gli consente di rapportarsi con i grandi elementi naturali circostanti. La presenza dell'acqua, che per il castello medievale è giustificata da ragioni difensive, e qui è necessaria al raffreddamento del *data center*, costituisce un elemento di grande suggestione. Alla stessa stregua delle fortezze, l'edificio è un'isola emarginata dal fossato, raggiungibile solo attraverso collegamenti puntuali. Attorno alla sua architettura si sviluppa la città del futuro: come in passato la chiesa o la torre civica, il *data center* oggi si fa portavoce del suo tempo e attrae una crescita che vede nel digitale il suo motore principale. Diviene un'architettura capace di dialogare con il contesto urbano, ma anche di costruire, come a Covilhã, un frammento di paesaggio. La sua presenza fisica nelle città e nelle loro vicinanze diffonde la consapevolezza dei reali bisogni e della consistenza della società in cui viviamo. Sebbene sia ancora presto per stabilire quale sarà il futuro di una tipologia diffusasi su larga scala soltanto recentemente e il cui sviluppo è così ampiamente influenzato dall'avanzamento tecnologico, possiamo assumere con certezza che il suo consumo di energia aumenterà di circa quindici volte entro il 2030, fino a raggiungere l'8% della domanda complessiva di elettricità[14]. Dunque se sempre maggiore sarà l'attenzione verso la sostenibilità, con la riduzione della domanda di energia e il suo soddisfacimento attraverso fonti rinnovabili, inevitabile sarà anche l'aumento della richiesta di questo genere di edifici, pronti a conquistare ogni angolo del pianeta e persino il vuoto cosmico al di fuori dell'atmosfera.

A questo proposito la multinazionale statunitense Microsoft sta lavorando dal 2015 al progetto *Natick*[15] che punta a sviluppare data centers sottomarini autosufficienti in grado di soddisfare la crescita esponenziale della domanda di infrastrutture *cloud computing*[16]. Assemblati, testati e spediti su camion a pianale, rimorchiati e trasportati su chiatte industria-

---

[14] Si veda: Jones, Nicola. 2018. "How to stop data centres from gobbling up the world's electricity" in *Nature* 561, 163-166 (2018). doi: https://doi.org/10.1038/d41586-018-06610-y

[15] Si veda: Microsoft. n.d. "Project Natick." Ultima cons. 29 aprile 2024. https://natick.research.microsoft.com

[16] Le infrastrutture di *cloud computing* sono un insieme di risorse hardware e software che supportano la fornitura di servizi di elaborazione dati su internet, comunemente noto come *"cloud"*. Queste infrastrutture permettono alle organizzazioni e agli utenti di accedere e utilizzare risorse informatiche senza dover gestire direttamente l'*hardware* fisico.

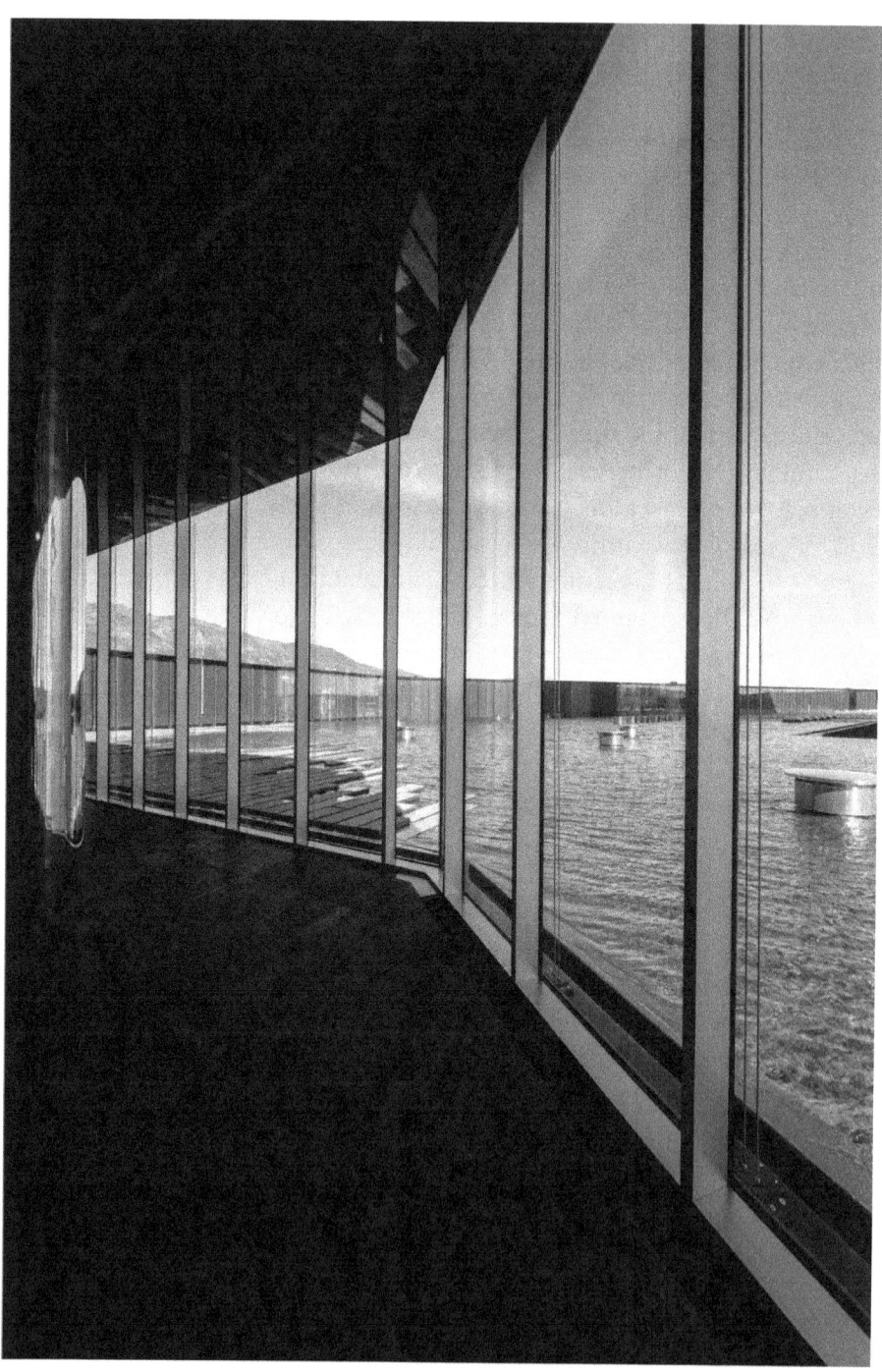

Covilhã data center, Covilhã (PT), studio Carrilho da Graça, 2013. Per gentile concessione dello studio Carrilho da Graça. Foto ©fg+sg - fotografia de arquitectura, Rita Burmester.

li, connessi a cavi in fibra ottica e al cablaggio di alimentazione, vengono rilasciati in mare o in specchi d'acqua. Modificando la catena di fornitura logistica esistente, *data center* modulari potranno in pochi anni essere spediti ovunque nel mondo, anche in regioni con elettricità inaffidabile, riducendo sensibilmente l'energia necessaria per il funzionamento di una struttura convenzionale.

Portati in orbita da un razzo vettore, secondo la Nasa, i *data center* stazioneranno in un luogo più sicuro rispetto a qualsiasi altro posto sulla Terra. Con le missioni *Artemis*, che mirano ad un ritorno dell'uomo sulla Luna, la startup Lonestar[17] stabilirà dei *data center* sul satellite, lontano da guerre e da effetti della crisi climatica che rischino di compromettere la salvaguardia della memoria della nostra civiltà.

---

[17] Lonestar Data Holdings Inc. in collaborazione con la NASA durante le missioni Artemis nel 2025 sarà la prima azienda a realizzare data centers sul satellite lunare. Per approfondire si veda: Lonestar. n.d. https://www.lonestarlunar.com/ e NASA. n.d. "Why we are going on the moon." Ultima con. 21 maggio 2024. https://www.nasa.gov/specials/artemis/index.html

Bibliografia

Benjamin, Walter. 2014 - *L'opera d'arte nell'epoca della sua riproducibilità tecnica.* Torino: Einaudi.

Carrilho da Graça, João Luís. 2014 - "Centro de Datos de Portugal Telecom." El Croquis 170: 232-51. Madris: El Croquis.

Catalano, Claudio. 2023 - *OltreUmano. Per un'architettura del vivente.* Roma: Vita Nostra Edizioni.

Foucault, Michel. 2011 - *Spazi altri. I luoghi delle eterotopie.* Milano-Udine: Mimesis Edizioni.

Han, Byung-Chul. 2023 - *Le non cose.* Torino: Einaudi.

Han, Byung-Chul. 2020 - *La società della stanchezza.* Milano: Nottetempo.

Maldonado, Tomás. 2015 - *Reale e virtuale.* Milano: Feltrinelli.

Ricciardi, Claudia. 2023 - "Spazi senza uomo: Nuovi paradigmi dei contenitori di memoria". Tesi di dottorato in Architettura. Teorie e progetto, relatori Orazio Carpenzano e Alfonso Giancotti, Sapienza Università di Roma.

Saggio, Antonino (a cura di). 2011 - *Architettura & information technology.* Roma: Mancosu.

Saggio, Antonino. 2007 - *Introduzione alla rivoluzione informatica in architettura.* Roma: Carocci.

Stone-Age elettrico
O di come il progetto rispose al collasso

Michele Anelli-Monti

Che cos'è il collasso?[1]

«È quando una civiltà diventa cieca e poi folle. Sparisce nella sua giungla interiore, tra le rovine, e i suoi abitanti non lasciano traccia, o quasi. È quando un corpo, un sistema, una città assorbono l'ultimo fattore di stress e cadono, come una marionetta dai fili tagliati. Perché un corpo, uno spirito, una civiltà, un'architettura culturale, un gruppo sociale finiscono sempre con un collasso. Non importa se violento o tranquillo, topico o diffuso, verticale o punteggiato. Il collasso arriva come una molecola disaggregante che scompone in modo irreparabile i nessi semantici, anche i più semplici, soprattutto i più semplici. Julian Jaynes, ne *Il crollo della mente bicamerale* (1976), parlando del collasso dell'età del bronzo, teorizza che le potenti civiltà dell'epoca abbiano subito un crollo dall'interno: la voce interiore aveva smesso di parlare dietro gli occhi dei suoi prosperi abitanti. In un momento le città non si videro più città. I re smisero di credersi re. I popoli non si riconobbero. Più che una teoria, è la narrazione di una storia né vera né falsa che ci dice qualcosa di non disputabile: il collasso è qualcosa che cammina in cresta tra fronte interiore e assetto climatico. Poi, a un tratto, la linea di cresta sparisce. E il solido diventa gassoso» (Meschiari e Vena 2020).

[1] Si veda: Diamond, Jared. 2005. *Collasso, come le società scelgono di morire o di vivere.* Milano: Einaudi.

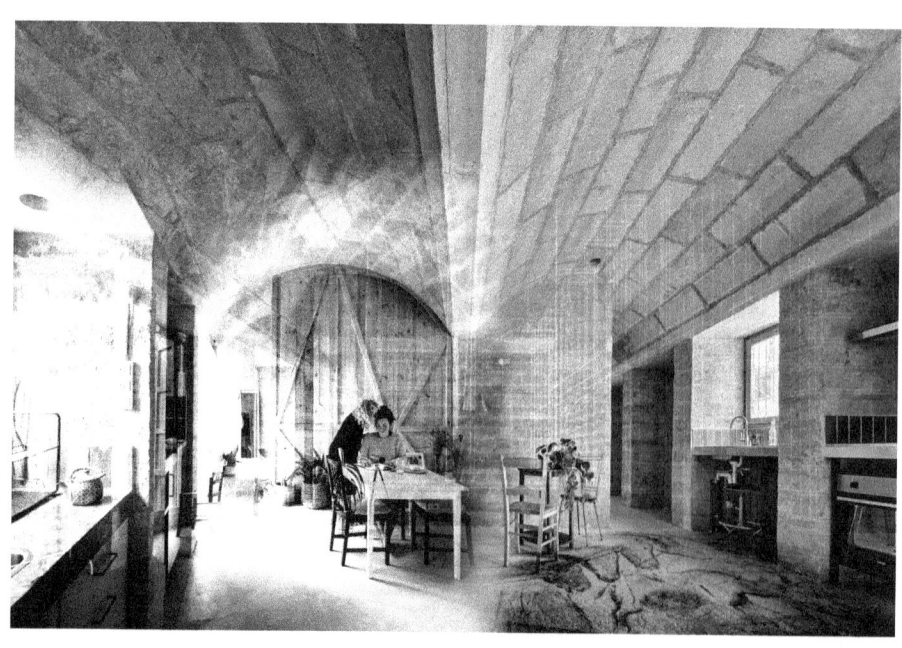

Un'unica navata, molteplici grotte. Disegno vettoriale con *collage* fotografico, disegno dell'autore, 2024.

Non si può più pensare al progetto senza pensare al collasso. È un'operazione paradossale, nonostante sia noto il domino di *feedback* positivi[2] che il collasso ambientale genera nello spazio e nella società, incombendo sulle prosperità economiche, sui diritti sociali e le sicurezze sanitarie. Nel collettivo sonno della ragione rinviamo annualmente la sveglia, come la data di un fattuale cambio di paradigma che desti dal sogno[3].

In questo tempo onirico e liminale possiamo però intraprendere degli esercizi necessari: esplorando nell'immaginazione i siti preistorici di cui Gwenn Rigal scrive in *Il tempo sacro delle caverne* (2022), non si può che restare affascinati dalla potenza spaziale e teorica di questi luoghi di pura materia. Specialmente nel misurarne la distanza siderale dal nostro mondo *smart* e digitalizzato, distanza che Werner Herzog in *Cave of Forgotten Dreams* (2010) con geniale arroganza ci propone stabilendo un'associazione vertiginosa tra l'arte paleolitica di Chauvet e due coccodrilli albini cresciuti in una serra vicina. Serra riscaldata dalle acque di raffreddamento di una centrale nucleare. Nel misurare questo scarto, riemergendo dal film è impossibile non notare la massa di tecnologia necessaria per guardarlo: i *monitor* sulla scrivania, i cavi della corrente, la rete materiale e immateriale per alimentarla. E a cascata come questa innervi città e territori di un'infrastruttura che diamo per ovvia e immanente, scordando che essa, come qualsiasi progetto, ha avuto un inizio e può avere una fine. In un certo senso abbiamo accettato di delegare il funzionamento delle nostre vite a un'impalcatura di macchine e tecnologie necessarie che però non possiamo dare scontatamente per durature. Se ci diciamo fuori dall'età della macchina il nostro *habitus* sembra dire tutto il contrario. Nella storia del moderno che coincide con quella del riscaldamento globale[4]: «il prodotto dell'incontro tra la scala mobile e l'aria condizionata, concepito in un incubatore di cartongesso […] dove

---

[2] Nella climatologia un *feedback* positivo amplifica il cambiamento originale, ad esempio la riduzione della superficie di ghiaccio marino nell'Artico, che causa una diminuzione dell'albedo della regione e quindi un aumento dell'assorbimento di calore da parte dell'oceano, che a sua volta causa un ulteriore scioglimento del ghiaccio marino. Particolarmente inquietante se messo alla scala dei Tipping Points, quella che Timothy Morton suggerisce di immaginare come una "bomba nucleare alla moviola".

[3] Si fa riferimento alle Cop (conferenze delle Nazioni Unite sui cambiamenti climatici) i cui esiti sono una decennale procrastinazione di azioni effettive.

[4] Si veda: Ibelings, Hans. 2023. *Modern Architecture. A planetary warming history*. Londra: The Architecture Observer.

è l'aria condizionata a sorreggere le nostre cattedrali» (Koolhaas 2006) accade che la vita degli edifici sia sempre più dipendente da costose arterie di tubi e cavi dove i cuori sono pompe e caldaie, e lo spazio del progetto sembra sempre di più un *hackeraggio* di norme e prestazioni, come se assistessimo all'incontro di Reyner Banham[5] e James G. Ballard nel film *Brazil* (1985) di Terry Gilliam. Lo stesso Ballard ci restituisce in uno sguardo fondamentale la voracità del moderno quando "va in vacanza", nelle *Cocaine Nights* (1996) della costa meridionale della Spagna. Un affastellato incagliarsi di hotel sul mare dove il turismo consuma e gentrifica ogni spazio anticipando la crisi abitativa di isole-lunapark come Ibiza, Palma de Mallorca o la stessa Venezia. Se dimentichiamo che il mondo immateriale dei *clouds* e del turismo estrattivo è possibile solo se sotto il nostro suolo passano milioni di chilometri di cavi con immensi *supercomputer* a dare corpo e peso a questi dati, e che nel nostro cielo viaggiano milioni di aerei con combustibili che presto finiranno[6], rischiamo di cadere da queste nuvole, e farci molto male. Il paradigma fossile, estrattivo e consumistico ha prodotto un benessere mai vissuto. Come transitare verso nuovi abitare rinnovabili, passivi e circolari se ciò comporta fatica e cambiamento? Come affrontare tutte le ipocrisie e i paradossi se il *comfort*[7] va difeso [?].

> «Una delle poche leggi ferree della storia è che i lussi tendono a diventare necessità e a produrre nuovi obblighi. La trappola del lusso porta con sé una lezione importante: la ricerca che l'umanità ha sempre condotto per avere una vita facile ha liberato forze di cambiamento immense che hanno trasformato il mondo in un modo che nessuno aveva immaginato o voluto» (Harari 2014).

Nella sua natura di iperoggetto[8],
    «come possiamo interpretare l'Antropocene, con le sue energie interattive,

---

[5] Si veda: Banham, Reyner; Dallegret, François. 1965. "A Home is not A House". *Art in America* n.2, New York.
[6] Per approfondire si veda: Meadows, Dennis; Meadows, Donella; Randers, Jørgen. 2022. *I nuovi limiti dello sviluppo. La salute del pianeta nel terzo millennio*. Milano: Mondadori.
[7] Si veda: Boni, Stefano. 2014. *Homo Comfort. Il superamento tecnologico della fatica e le sue conseguenze*. Milano: Elèuthera.
[8] Si veda: Morton, Timothy. 2019. *Iperoggetti. Filosofia ed ecologia dopo la fine del mondo*. Roma: NERO.

le sue caratteristiche emergenti, le sue strutture nascoste? Come possiamo anche solo parlarne? Perché è difficile non solo parlare dell'Antropocene, ma anche parlare nell'Antropocene. La cosa migliore forse, è immaginarlo come un'epoca di perdita – di specie, di luoghi, di popoli – per la quale stiamo cercando una lingua della speranza» (Macfarlane 2020).

Di fronte a questo paesaggio si delineano due urgenze irrisolte molto definite. La prima: come operare nel progetto senza una lingua con cui esprimersi. La seconda: come affrontare la crisi del diritto alla casa nel tempo della fine delle risorse fossili.

IBAVI – Instituto Balear de la Vivienda – alle inquietudini teoriche del contemporaneo, risponde con strategie progettuali che agiscono attraverso una sfasatura e un anacronismo[9]. È un organismo pubblico del Governo delle Isole Baleari con l'obbiettivo di promuovere l'edilizia pubblica in affitto, gestendo il paniere di abitazioni e progettandone il futuro. Si differenzia da altre esperienze europee proponendosi come meta-autore, un processo che unisce istituzioni, progettisti, cittadini, economie e ambiente, indicando un sentiero improcrastinabile. Dal 2019 il sodalizio tra l'architetto Carles Oliver Barcelò e l'economa Cris Ballester Prets ha condotto il bacino di alloggi in differenti fasi di completamento all'aumento di 1118 in quattro anni, facendo convergere i tempi lunghi dell'architettura con quelli rapidi dell'economia.

IBAVI affronta così l'emergenza abitativa insieme a quella climatica attraverso il progetto: costruisce prototipi sperimentali che permettono di verificare l'aggiornamento delle norme e la scrittura di concorsi pubblici[10].

«Questo singolare modello privilegia il massimo comfort basato su criteri passivi per ridurre la domanda energetica, accentuando l'uso di materiali a bassa impronta di CO_2, preferibilmente locali, e incorpora nella progettazione

---

[9] Si veda: Agamben, Giorgio. 2008. *Che cos'è il contemporaneo?* Milano: Nottetempo.

[10] La scrittura delle richieste concorsuali non si limita a rispettare le norme attuali, ma le supera. I consumi energetici sono portati a 15kW/m², viene raccomandato di proporre spazi generosi, non gerarchici, senza determinarne l'attività. Ciò si traduce in moduli abitativi che sviluppano sequenze di spazi funzionalmente indeterminati, aree che offrono all'utente libertà di interpretazione e flessibilità nello sviluppo delle proprie attività. Cercando la flessibilità dentro strutture durature per opporsi all'obsolescenza programmata.

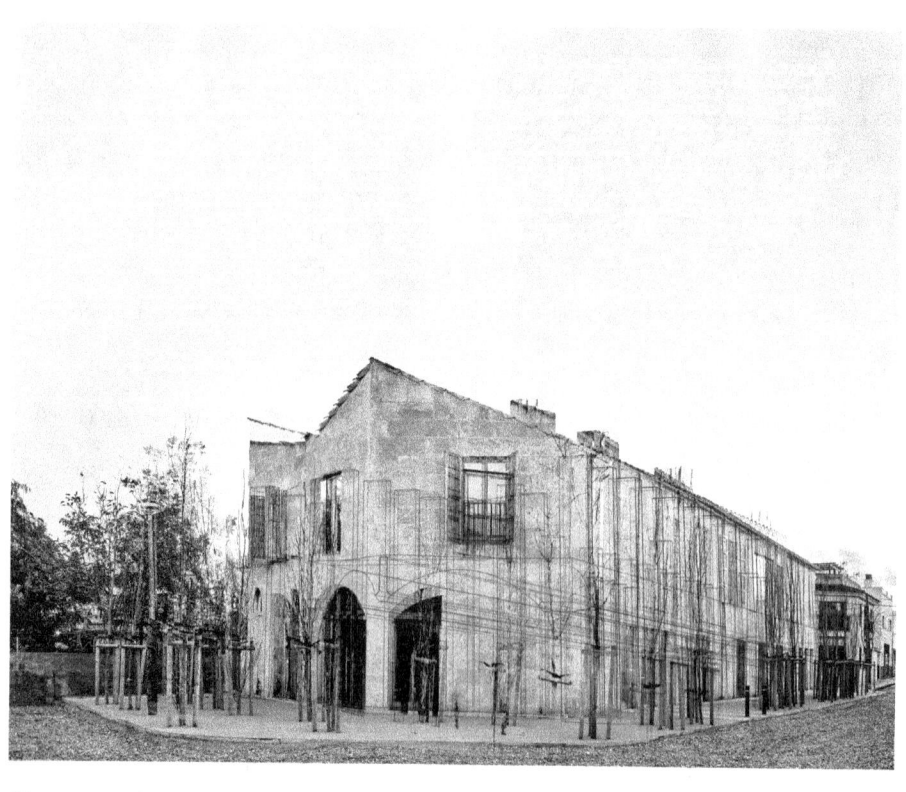

Una casa per Ramon Lull. Disegno vettoriale con *collage* fotografico, disegno dell'autore, 2024.

criteri di prospettiva di genere, ricercando la massima qualità architettonica. Paradossalmente, questo nuovo linguaggio, nel contesto insulare mediterraneo, nasce dal recupero, dall'aggiornamento e dall'adattamento del proprio [antico] patrimonio culturale alle esigenze contemporanee» (Obal 2023, 4).

Le isole Baleari, in particolare la città di Palma de Mallorca, fino a cinque anni fa soffrivano il peggior indice di accessibilità alla casa di tutta la Spagna. Si tratta infatti di un Paese che storicamente ha investito pochissimo – in una vicenda analoga all'Italia – nell'edilizia pubblica in affitto, in un progetto politico che ha radici nella dittatura franchista sintetizzabile in un messaggio politico chiaro: «*Vamos a fomentar la propriedad privada. No queremos un país de proletarios, sino de proprietarios*». Sono le parole di Josè Luis Arrese, ministro dell'edilizia abitativa tra il 1957-1960. Per rovesciare questa pesante eredità IBAVI segue l'esperienza viennese[11], con «un modello in cui più della metà della popolazione, circa il 50%, vive in alloggi in affitto sovvenzionati, di cui circa 220.000 sono alloggi pubblici e altri 200.000 in sviluppo pubblico-privato. Il grande volume di alloggi protetti agisce da regolatore dei prezzi degli affitti» (Obal 2023, 16).

L'Istituto si pone quale agente in un'investigazione collettiva, molto radicata nel contesto catalano dove "nuovi realismi"[12] muovono il progetto a partire dalla crisi economica del 2008. IBAVI è anche un processo a livello nazionale che ragiona sulla ricerca di un *más allá de lo humano*[13]; in cui emergono le opere di Andrés Jaque e TAKK.

Molti autori con perno svizzero si associano a questa transizione: Philippe Rahm in un ripensamento della storia dell'architettura a partire dal clima[14] o Roger Boltshauser e Anna Heringer attraverso nuovi materialismi che innovano[15] tecnologie primordiali come la terra

---

[11] Per approfondire si veda: Tafuri, Manfredo. 1980. *Vienna Rossa. La politica residenziale nella Vienna socialista 1919-1933*. Milano: Electa.

[12] Si fa riferimento alla mostra "Nous Realistes" tenuta nell'ottobre 2023 al Museo del Disegno a Barcellona, che ha raccolto progetti della generazione di architetti catalani che hanno sviluppato la loro pratica nella crisi economica del 2008 e con criteri di sostenibilità ambientale. Tra loro: HArquitectes, Peris/Toral, Bosch/Capdeferro, Claudi Aguiló, Maio, Carles Enrich, Lacol, Josep Bunyesc, Nua, Ted'A Arquitectes, Francisco Cifuentes o Carles Oliver.

[13] Si fa riferimento a: Giráldez López, Antonio; Ibáñez Ferrera, Pablo, cur. 2018. *Mas allá de lo humano*. Vigo: Bartlebooth.

compattata del pisè[16]. Allargando lo sguardo anche l'Inghilterra torna a un'architettura massiva come evidenziano i lavori di Amin Taha e Material Cultures.

Nelle isole Baleari assistiamo alla messa a registro di queste tensioni: un ritorno all'età della pietra[17] che non rinnega l'avanzamento dell'elettronica. Sia il processo di progettazione che di monitoraggio si avvalgono, come moderni aruspici, di *software* per calcolare l'impronta e la domanda energetica, i percorsi dei venti, l'umidità, l'irraggiamento solare e il loro variare. Come se andasse utilizzato contemporaneamente ciò che è arcaico e ciò che è digitale per divinare il futuro che necessitiamo. Un *teknoprimitivo* per il quale

> «siamo molto in ritardo, non siamo affatto in anticipo sui tempi. Stiamo recuperando il discorso che si è sviluppato negli anni Sessanta, dove la società non è stata in grado di intravedere tutti gli effetti collaterali del modello produttivo in cui viveva. A volte ci viene chiesto se il modello progettuale e costruttivo con cui stiamo lavorando non sia anacronistico, proprio perché stiamo recuperando i materiali della mappa delle risorse delle Baleari che dà origine all'architettura vernacolare di ogni isola. Ma la verità è che siamo arrivati a questo modello grazie alle informazioni attuali disponibili su internet, agli ultimi strumenti digitali di modellazione e simulazione delle condizioni atmosferiche e alle banche dati sulla CO_2» (Obal 2023, 26).

Di fatto per IBAVI si tratta di aprire cammini sperimentali materiali, costruttivi e spaziali. Nel progetto-manifesto *14 Viviendas Publicas Protegidas* [da ora in avanti nel testo VPP] *Sant Jaume en Formentera*

---

[14] Si veda: Rahm, Philippe. 2020. *Histoire naturelle de l'architecture: Comment le climat, les épidémies et l'énergie ont façonné la ville et les bâtiments.* Parigi: Editions du Pavillon de l'Arsenal.

[15] Per approfondire si veda: AA. VV. 2014. *Climate As a Design Factor: Architecture and Energy.* Lucerna: Quart Architektur.

[16] Il "pisè" è una tecnica costruttiva che utilizza la terra cruda compressa in casseforme lignee per erigere muri.

[17] Si veda: Moore, Rowan. 2023. "Back to the stone age the sustainable building materia." *The Guardian.* Ultima modif. 6 agosto 2023. https://www.theguardian.com/artanddesign/2023/aug/06/back-to-the-stone-age-the-sustainable-building-material-weve-all-been-waiting-for-amin-taha-groupwork-webb-yates-the-stonemasonry-company

(2009-2017) vengono mostrate e monitorate le strategie bioclimatiche necessarie per aprire un modello alternativo, in *5VPP Regal* (2009-2018) si mostra la possibilità di costruire muri portanti in pietra di *marés*[18] fino a tre piani, in *8VPP Salvador Espiru 39* (2018-2021) si comprova che con la stessa pietra si possono realizzare volte portanti nelle abitazioni collettive, successivamente sviluppate anche nel progetto *6VPP Ses Monges* (2020-2023). Con l'avanzare del tempo l'Istituto procede con la verifica e la messa a punto di diverse strategie costruttive. Infatti, mentre *6VPP en Es Carbussò* (2020-) troviamo muri portanti in terra, nelle *43 VPP Maria Teresa Leon* (2018-2022) vediamo muri di BTC[19] che arrivano a cinque piani; mente in *25 DOT Lope de Vega* (2020-) sono usati muri massivi che riutilizzano i resti della demolizione in un processo di miniera urbana e *upcycling*.

In accordo con la posizione di Gerard Blachère secondo cui «costruire è risolvere un problema». A patto che il «problema sia enunciato correttamente» (Blachère 1966). Per IBAVI la costruzione della domanda diventa parte fondante del progetto. Anche se il processo finora in atto raramente ha prodotto brani formalmente compiuti di città. Un'eccezione a questa frammentarietà si ritrova in Carrer Salvador Espriu a Palma de Mallorca dove tre edifici mettono a sistema un dispositivo spaziale che ci permette di immaginare un'urbanità diversa. Lo spazio tra gli edifici è pedonale e a quota continua, formato da luoghi pubblici che agiscono come dispositivi ambientali: gli alberi fanno ombra, i suoli drenano l'acqua, i vuoti incanalano il vento. Nelle *8VPP Salvador Espiru 39* (2018-2021) anche il linguaggio architettonico emerge con più intensità, qualità che gli è valsa diversi riconoscimenti[20]. Il programma, la struttura, la costruzione e il *comfort* sono risolti con una strategia unitaria che consegue dai materiali impiegati.

> «Il progetto dimostra la vivibilità di incorporare strutture a compressione nei progetti abitativi come principale mezzo per ottenere inerzia termica e rinfrescare in estate attraverso un involucro il più pesante possibile e con la

---

[18] La pietra di marés è una pietra arenaria sedimentaria tipica delle isole Baleari.
[19] Il BTC (bloque de tierra cruda) è un mattone ecologico in terra cruda.
[20] Si fa riferimento ai seguenti premi: Premio de arquitectura Ciudad de Palma Guillem Sagrera 2022; Premio FAD Opinión de Arquitectura 2022; Finalista Premio XII Bienal Iberoamericana 2022; Finalista Premio Arquitectura Sostenible Española Mapei 2022; Finalista Premio Internacional Simon Architecture Prize 2022.

minor impronta di carbonio. Questo meccanismo si completa con la ventilazione trasversale grazie all'utilizzo della brezza marina» (Obal 2023, 120)

facendo convergere decisioni di orientamento nel principio insediativo e forma architettonica per costruire un clima. Il principale materiale da costruzione è la pietra di *marés* cavata a 18 km di distanza per ridurre al massimo le impronte di carbonio. La tecnologia della stereometria della pietra collega la memoria vernacolare all'industria contemporanea.

L'edificio si compone di due livelli: l'attacco a terra presenta due volte a botte affiancate, ciascuna di luce 2,95 metri, con un architrave in calcestruzzo in mezzeria, ai lati sostenuta da pilastri in pietra di quaranta centimetri per ottanta di larghezza che trasferiscono le spinte orizzontali verso le fondazioni. L'impaginato della facciata è dunque un fitto susseguirsi di lesene verticali che ospitano al loro interno differenti servizi: cucine, dispense, armadi e ingressi. Nelle abitazioni, i bagni sono collocati al centro della casa, e fungono da regolatori dei percorsi attorno ad essi. La doppia volta inoltre incornicia una merlatura sulla parete dei servizi in un cortocircuito tra struttura e decorazione. Tra le stanze la divisione è realizzata con inserti di legno che accolgono la forma curva dei soffitti.

La soluzione facilita un'appropriazione libera da parte degli utenti, agevolando così il futuro modificarsi dell'abitazione nel tempo. La durata come sostenibilità. Al piano superiore, la sezione dei pilastri si riduce a sostenere una struttura leggera di capriate lignee con tiranti in acciaio, su cui poggiano pannelli in legno massiccio di reimpiego. L'isolante è uno strato di 30 cm di alghe secche di posidonia oceanica essiccate al sole provenienti da Cala Estancia, a 11 km dal sito di cantiere. Il suo uso come materiale da costruzione mette in relazione l'*habitat* con gli ecosistemi circostanti, in un incontro tra abitare, abiti e abitudini tutto da riscrivere. Il tetto spiovente è realizzato con tegole tradizionali in ceramica araba prodotte con energie rinnovabili. L'acqua piovana è raccolta attraverso la copertura e immagazzinata in vari serbatoi per l'irrigazione di piante e alberi disposti con funzione bioclimatica. Per attivare l'inerzia termica e regolare l'elevata umidità delle Isole Baleari - superiore al 70% in media - i materiali igrotermici che compongono la struttura sono lasciati a vista. L'opera inoltre è stata realizzata da un unico gruppo di quattro operai edili, che hanno svolto la maggior parte del lavoro, contenendo i costi a 817.792 euro per 662 m^2 con una domanda energetica nella vita utile dell'edificio di 7,49 kWh/m^2. Gli impianti a vista che si sviluppano nudi su pareti quasi megalitiche possono essere visti come una verifica del regionalismo critico di Kenneth Frampton[21], le architetture dell'IBAVI infatti ci ricordano che:

> «il Movimento Moderno è l'espressione di materiali prodotti con energie fossili a più di 1200oC e quindi più difficili da produrre direttamente con energie rinnovabili. Pertanto, [il nostro tempo] necessita di un cambiamento di modello produttivo, sociale ed economico. Dal nostro punto di vista, questo cambiamento richiede un nuovo linguaggio, basato sulla diminuzione del consumo di risorse, sulla crescita del comfort, sull'autosufficienza energetica e materiale, sulla giustizia sociale, sul benessere ambientale, economico e sociale globale e sulla sostenibilità. Se sulla Terra si parlano più di 7000 lingue, rispetto all'omogeneità globalizzata del XX secolo, dovrebbero comparire 7000 lingue della decrescita, ognuna adattata al proprio territorio. [...] Questo linguaggio, in cui struttura e tipologia nascono dalle capacità meccaniche dei materiali naturali - più fragili - come nell'architettura tradizionale, combina la variabile ambientale con le variabili umane: città, paesaggio, programma, organizzazione volumetrica e spaziale» (Obal 2023, 14).

Sono architetture che, benché "dialettali", aspirano all'universale, in cui la massività delle sequenze spaziali, la memoria della grotta, sono elettrificate dalla tecnologia, cavi e apparecchi ispezionabili come piccoli inserti metallici da un mondo lontano che fanno pensare a una doppia anima: una che accelera e una che decresce. Quasi "un'età della pietra elettrica", uno spirito arcaico abitato da "macchine deboli" in cui è la forma architettonica che torna a fare il clima. Non a caso

> «il fulmine notturno ha la capacità di spezzare gli equilibri, abiurare il confine, ribaltare la clessidra, riportare a prima del mattino da cui tutto nacque, mettere in contatto il mondo di sopra col mondo di sotto e far riemergere in superficie quello che sotto la superficie cova. [...] Il fulmine, o per essere più precisi l'elettricità, apre alla possibilità di scoperchiare varchi temporali in grado di collegare il lontanissimo passato a quello che verrà in ere ancora più remote» (Mattioli 2019).

Come una promessa, o un destino.

---

[21] Si veda: Frampton, Kenneth. 1983. "Towards a Critical Regionalism. Six Points for an Architecture of Resistance" in *The Anti-Aesthetic. Essays on Postmodern*, a cura di Hal Foster, 16-30. Seattle: Culture Bay Press.

Bibliografia

Blachère, Gerard. 1966 - *Savoir Batir. Habitabilité, durabilité, économie des bâtiments.* Parigi: Eyrolles éditeur.

Branzi, Andrea. 2006 - *Modernità debole e diffusa. Il mondo del progetto all'inizio del XXI secolo.* Milano: Skira.

Harari, Yuval Noah. 2014 - *Sapiens. Da animali a dèi: Breve storia dell'umanità.* Milano: Bompiani.

Macfarlane, Robert. 2020 - *Underland. Un viaggio nel tempo profondo.* Milano: Einaudi.

Mattioli, Valerio. 2019 - *Remoria. La città invertita.* Roma: Minimum fax.

Meschiari, Matteo; Vena, Antonio. (a cura di). 2020 - *TINA, Storie della grande estinzione.* Perugia: Aguaplano.

Koolhaas, Rem. 2006 - *Junkspace. Per un ripensamento radicale dello spazio urbano.* Macerata: Quodlibet.

Obal, Liliana. 2023 - "A conversation with Cris Ballester Parets and Calers Oliver Barcelò" in *IBAVI. Una investigaction colectiva 2019-2023.* El Croquis 219. Madrid: El Croquis.

La Rigenerazione urbana: una possibile rinascita delle città

Sara Ceccoli

    Il Covid-19 ha avuto un impatto drammatico sulle città di tutto il mondo, sollevando questioni di natura plurale: socioeconomica, sanitaria, urbanistica. La città stessa è diventata oggetto centrale di una ricerca tutt'altro che banale, con l'obiettivo – certo ambizioso - di ripensare il volto di un'urbanità post-pandemica.
    Questo processo è spesso guidato da una serie di obiettivi, tra cui la creazione di comunità più vivibili e resilienti, la riduzione dell'abbandono e del degrado urbano e la promozione di economie locali più dinamiche e inclusive.
    L'esperienza della pandemia ha evidenziato la necessità di spazi pubblici più ampi e accessibili per garantire il distanziamento sociale, nonché la necessità di infrastrutture e servizi in grado di affrontare future emergenze sanitarie. Allo stesso tempo, la pandemia ha anche accelerato alcune tendenze preesistenti, come lo smart working e la digitalizzazione, influenzando la domanda di spazio urbano e i modelli di sviluppo delle città nel lungo periodo.

---

[1] Storico statunitense e filosofo della scienza (Cincinnati 1922 - Cambridge, Massachusetts, 1996). A lui si deve una proficua interconnessione tra storia e filosofia della scienza, per influenza della sua opera maggiore, *The structure of scientific revolutions* (1962), edita dalla Chicago University Press.

Strade deserte, cinema, teatri, locali, negozi vuoti: il desolante panorama imposto dalla pandemia ha acceso un dibattito internazionale sul ruolo delle città nel futuro e su come assicurarne la crescita seguendo modelli sostenibile sul piano sociale quanto su quello ambientale.

Oltre un terzo delle risorse previste dal Next Generation EU, il Piano Europeo per la ripresa post-pandemica, sono state destinate a programmi legati alla tutela del clima e alla rigenerazione urbana e industriale, ponendo quest'ultima al centro del dibattito europeo: l'obiettivo è quello di rendere l'Europa un continente *climate-neutral* entro il 2050 attraverso processi di sviluppo in chiave *green*.

L'Italia è la seconda destinazione in Europa, dopo la Polonia, delle risorse stanziate dalla Comunità Europea per affrontare la sfida di un'integrale rigenerazione dei tessuti urbani.

Le città oggi, sono un insieme fluido di parti dove aree libere e aree edificate, tessuti consolidati e parti dismesse, episodi di qualità e strutture obsolete coesistono e dove la necessità di costruire il nuovo si accompagna -o a volte si contrappone - all'opportunità di intervenire sull'esistente per modificarne la struttura, adeguarne i tipi, riqualificarne le architetture.

Bisogna quindi pensare a un radicale cambiamento del modo di pensare la città, che negli ultimi settanta anni è stato dominato dalla logica dell'espansione, del consumo del suolo. Tutto questo porta a riconsiderare l'enorme patrimonio edilizio dismesso come risorsa da valorizzare secondo i canoni della sostenibilità ambientale, economica e sociale. Il tutto tenendo sempre presente che senza il legame tra questioni ambientali e sociali non può esserci rigenerazione urbana.

Diventa così la rigenerazione urbana uno dei temi principali per le nostre città, sempre più dense, ed il "riciclo" del già costruito (attraverso la riconversione e riqualificazione delle aree degradate dismesse) si fa strumento indispensabile.

Non parliamo di una nuova pratica in quanto, già dall'antichità, sembrava lecito intervenire sulle fabbriche preesistenti decostruendole e ricostruendole in nuovi equilibri: Baldassarre Peruzzi edificava Palazzo Savelli sulle rovine del Teatro di Marcello, Michelangelo faceva sorgere Santa Maria degli Angeli dai resti delle Terme di Diocleziano, Gian Lorenzo Bernini estendeva la basilica di San Pietro con le lunghe braccia di due colonnati.

Un generale processo di riciclo, insomma, che andava dal riutilizzo decontestualizzato di sparsi elementi (ad esempio le colonne di spoglio nelle basiliche paleocristiane) alla ricomposizione di strutture e spazi in organismi articolati e complessi.

Ma per definire un nuovo metodo del fare è importante capire cosa succede fuori dai confini italiani e quali sono le strategie adottate da alcune grandi città europee ed extraeuropee.

Copenhagen, identificata come una delle città più *green* e *smart* ed in procinto di diventare la prima città al mondo a zero emissioni, ne dà esempio attraverso la riqualificazione del quartiere di Nordhavn. Qui troviamo la trasformazione di un vecchio porto in un'area integrata, collegata attraverso treni al resto della città, capace di offrire alloggi sostenibili e una qualità della vita elevata.

Il piano di sviluppo del quartiere, firmato dallo studio di architettura danese COBE nel 2008, ha la volontà di assegnare al mare e all'acqua il ruolo di protagonista, attraverso la trasformazione delle aree portuali obsolete in attrattive zone pedonali, parchi, piste ciclabili e spazi pubblici fruibili da tutti, e, ancora, creando nuovi luoghi di incontro e svago per i residenti e i visitatori. La riqualificazione di Nordhavn ha coinvolto attivamente la comunità locale nel processo decisionale, attraverso consultazioni pubbliche, incontri partecipativi e collaborazioni con associazioni di quartiere. Questo ha contribuito a garantire che le esigenze e le aspirazioni della comunità fossero prese in considerazione nel processo di sviluppo dell'area.

Complessivamente si può dire che la riqualificazione di Nordhavn rappresenta un esempio di successo di come la rigenerazione urbana possa trasformare un'area in declino in un quartiere moderno, sostenibile e dinamico, migliorando la qualità della vita per i suoi abitanti e contribuendo alla crescita economica e culturale della città.

Barcellona rappresenta una città pioniera: già negli anni Novanta, sul tema della riqualificazione delle aree portuali con il suo *waterfront*, ma anche ad oggi, costituisce uno degli esempi più studiati e copiati. L'*housing* cooperativo di *La Borda*, nato nel 2018 prima della diffusione della pandemia su progetto della cooperativa Lacol, rappresenta il recupero di un'area dismessa nel centro della città ed è uno dei progetti più importanti di rigenerazione urbana e inclusione sociale - esempio emblematico di comunità abitativa autogestita che si basa sui principi della cooperazione e della partecipazione dei residenti nel processo decisionale.

La Borda è organizzata come una cooperativa abitativa, dove i residenti sono anche soci proprietari del progetto, consentendo così un maggiore controllo sulle decisioni della comunità e mantenendo una maggiore stabilità nel lungo termine. In sintesi, *La Borda* rappresenta un esempio innovativo di come l'*housing* cooperativo possa offrire soluzioni abitative sostenibili, partecipative ed economicamente accessibili, promuovendo al contempo un forte senso di comunità tra i suoi residenti.

A Londra il processo di rigenerazione urbana ha coinvolto diverse aree della città nel corso degli anni, cercando di trasformare zone in declino o inutilizzate in quartieri dinamici, sostenibili e culturalmente ricchi. Un esempio relativamente recente è il quartiere di King's Cross. L'area, una volta caratterizzata da infrastrutture ferroviarie obsolete e terreni industriali dismessi, è stata trasformata in un quartiere residenziale e commerciale con spazi per lo svago, parchi e strutture culturali, creando un polo di attrazione per residenti e visitatori.

Ancora, la città di Singapore, la prima ad aver investito sulle nuove tecnologie, come quella dello spazio virtuale del *Metaverso*, creando un gemello digitale della città grazie all'installazione di sensori e telecamere per le strade, così da testare nuove soluzioni misurandone già gli effetti della trasformazione. Le peculiarità territoriali hanno determinato questo sviluppo incentrato sulla rigenerazione del territorio in quanto, essendo la città stessa un'isola, non vi è possibilità di espansione territoriale. Un esempio è il *Gardens by the Bay*: tre parchi sorti su un'area bonificata, che con i suoi enormi alberi artificiali e la sua passerella panoramica sopraelevata a ventidue metri da terra sono una grande attrazione turistica.

Caso studio: Lione La Confluence.

La rigenerazione urbana a Lione è un processo continuo che ha trasformato diverse parti della città nel corso degli anni, contribuendo a migliorare la qualità della vita e a valorizzare il suo patrimonio storico e culturale. Il piano di riqualificazione urbana *La Confluence,* il più recente dei progetti di trasformazione di Lione, è un esempio emblematico di come un ex quartiere industriale si possa trasformare in un luogo intelligente e sostenibile che contribuisca al progresso economico e sociale della città.

Si tratta di una vasta area di 150 ettari, ai margini della città storica, sulla penisola artificiale realizzata tra il fiume Rodano e il fiume Saona durante la rivoluzione industriale con la costruzione delle fabbriche e installazioni portuali e ferroviarie. Alla fine degli anni Settanta

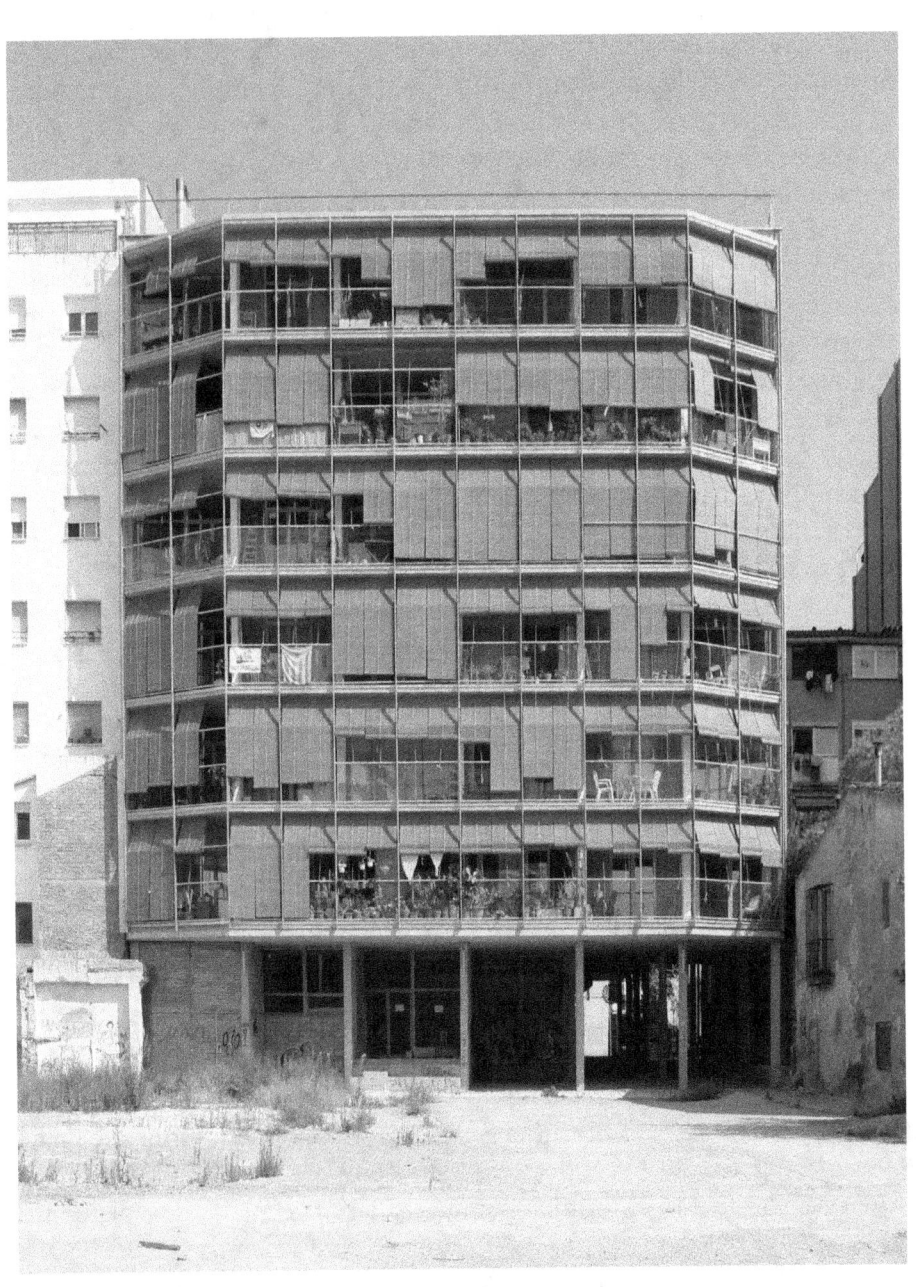

Cooperativa d'habitatge La Borda, Barcellona, Lacol, 2018. Foto © Lacol.

l'amministrazione diede avvio, per gli effetti della deindustrializzazione, a numerosi concorsi per un programma di rinnovo urbano integrale.

Il progetto del masterplan de *La Confluence* del paesaggista Michel Desvigne e dell'urbanista François Gréther, sviluppa un impianto urbanistico e paesaggistico dinamico, che prevede la valorizzazione e la riconversione delle infrastrutture industriali così come la realizzazione di un sistema verde di giardini permanenti e/o temporanei in grado di realizzare gli spazi pubblici ancor prima del completamento degli interventi edilizi.

Non si definisce un piano edilizio preciso ma, in virtù delle variabili economiche, si prevede una sequenza di processi edilizi, senza immaginare uno stato definitivo di trasformazione, piuttosto introducendo nel progetto la variabile temporale, necessaria per non intercorrere in stati di abbandono, nell'attesa che i complessi edilizi veri e propri vengano realizzati. Si crea così un paesaggio in cui alcuni elementi, come i prati e alcune fasce vegetate, valorizzano il sito da subito. Gli elementi perenni costituiti da filari di alberature, terrapieni ed infrastrutture vengono a costituirsi progressivamente dando una struttura e una conformazione verde finale all'intero quartiere.

Infatti, con il suo 60% di spazi pubblici dedicati prevalentemente al verde, il quartiere rappresenta un esempio innovativo di rigenerazione urbana, andando ad allinearsi con il Piano del Verde e il Piano delle Acque, base della trasformazione della città di Lione già dal 2002 con il più importante progetto di trasformazione urbana a livello paesaggistico lungo le sponde del fiume Rodano.

Nel *La Confluence* i giardini e i canali si innestano nel tessuto urbano in modo da costituire un sistema per un corretto recupero delle acque meteoriche ed un'attenta gestione del patrimonio idrico ed energetico della città.

Lo spazio verde si sviluppa attorno alla *Place Nautique*, dove l'elemento centrale è l'acqua, proprio a rimarcare il rapporto tra città e fiume come base fondativa del processo di rigenerazione della città.

La sostenibilità è un elemento chiave anche del design architettonico de *La Confluence*. Gli edifici sono progettati per massimizzare l'efficienza energetica, utilizzando tecnologie come sistemi di raffreddamento e riscaldamento geotermici, pannelli solari e tecniche di isolamento avanzate.

Tra i progetti sviluppati nell'area ci sono il *Museo Confluences* progettato dallo studio di architettura viennese Coop Himmelb(l)au e de-

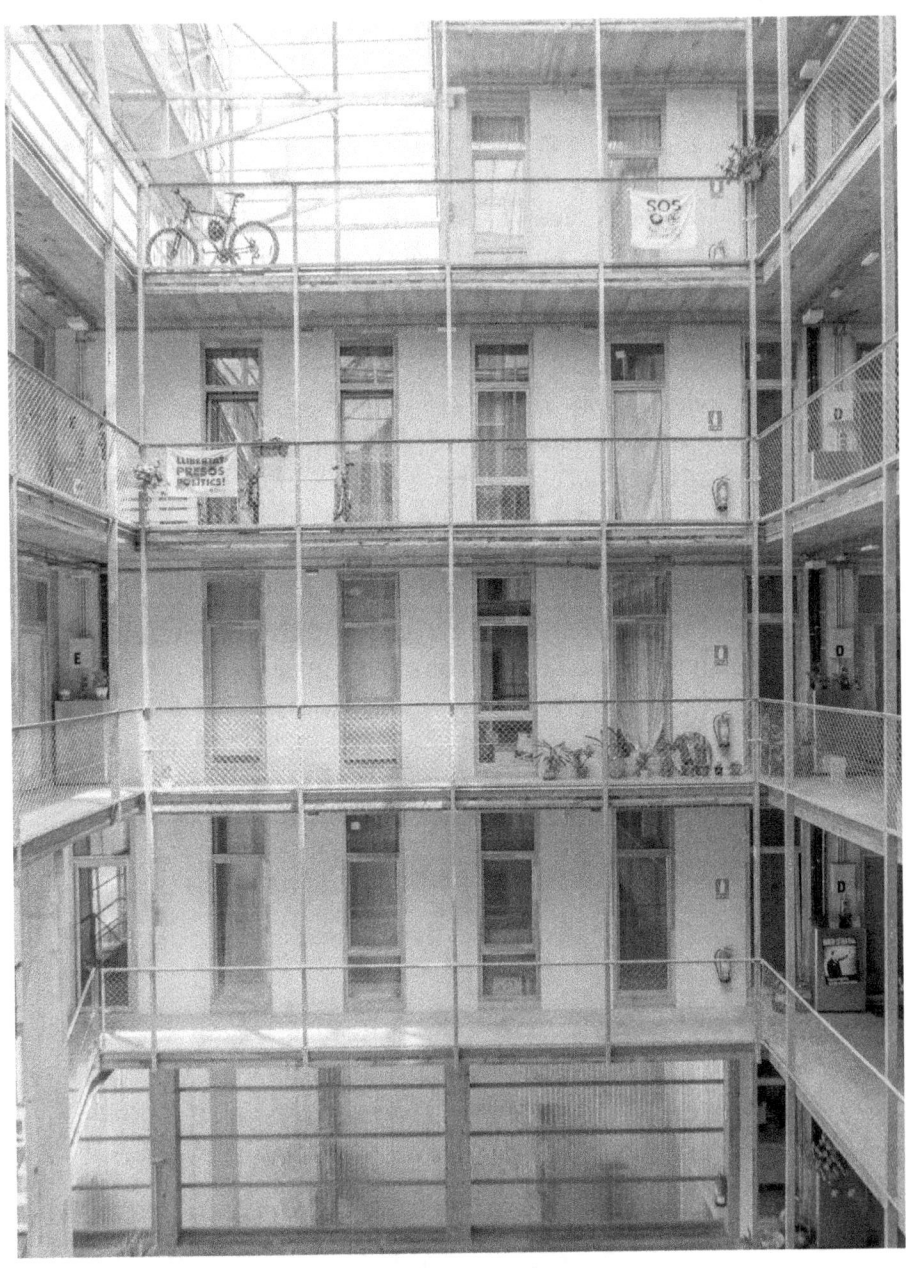

Cooperativa d'habitatge La Borda, Barcellona, Lacol, 2018. Foto © Lluc Miralles.

dicato alla scienza e alle civiltà, il Green Arrow corridoio verde lungo il fiume Saona, uno spazio pubblico innovativo, e *Il Parc de la Confluence* - un'importante area verde situata nella zona sud con ampi spazi aperti, giardini paesaggistici, percorsi pedonali e piste ciclabili. Altri progetti hanno invece coinvolto la rigenerazione di vecchi siti industriali in disuso, trasformandoli in nuovi spazi urbani multifunzionali e contenitori culturali.

I principi fondatori sono quelli della valorizzazione del paesaggio, la realizzazione di housing sociale e la trasformazione della viabilità, al fine di privilegiare l'uso della bicicletta e dei mezzi pubblici.

Questo ci insegna come la qualità urbana diviene qualità sociale e culturale quando la rigenerazione della città passa attraverso il progetto del paesaggio e degli spazi pubblici.

La Confluence è diventata quindi un centro per la vita sociale, economica e culturale di Lione, attirando residenti, visitatori e investimenti. Il suo successo è un esempio ispiratore di come la rigenerazione urbana possa trasformare intere aree urbane, senza tradire la sua storia industriale, e guardando al futuro con innovazione e sostenibilità.

Possiamo dire che il processo di trasformazione delle nostre città attraverso la rigenerazione urbana non solo le modifica fisicamente, ma anche nell'anima, andando a definire spazi vibranti e inclusivi che rispecchiano la diversità e l'energia delle comunità che le abitano.

Bibliografia

Augé, Marc; Gregotti, Vittorio. 2016 - *Creatività e trasformazione.* Milano: Christian Marinotti Edizioni.

Belibani, Rosalba et al. 2020 - "Roma: Un possibile futuro. Metamorfosi" in *Quaderni di architettura* 7. Roma: Lettera Ventidue.

Croset, Pierre Alain. 1984 - Architettura come modificazione". *Casabella* 498/499. Milano: Electa.

De Solà-Morales, Ignasi. 1985 - *Dal contrasto all'analogia. Trasformazioni nella concezione dell'intervento architettonico.* Lotus International 46. Milano: Electa.

Fidone, Emanuele. 2022 - *Progetto e Rovina - Ruins and Project.* Roma: Unione Europea Esperti d'Arte.

Irace, Fulvio. 2020 - *La cura come tema per l'innovazione.* Industria delle Costruzioni 476: 10-15. Roma: ANCE Servizi srl/Edilstampa.

Pallasmaa, Juhani. 2011 - *Lampi di pensiero. Fenomenologia della percezione in architettura.* Bologna: Pendragon.

Salimei, Guendalina. 2012 - "Epicentro. Ricostruire sul costruito in *Architettura e Città, Costruire nel Costruito. Architettura a volume zero".* Milano: Di Baio Editore.

Nuove frontiere dell'abitare

Edoardo Marini

«Alla fine del 2022, 108.4 milioni di persone in tutto il mondo sono state costrette a sfollare a causa di persecuzioni, conflitti, violenze, violazioni dei diritti umani ed eventi di grave turbamento dell'ordine pubblico. [...] Il numero di rifugiati nel mondo è aumentato da 27.1 milioni nel 2021 a 35.3 milioni alla fine del 2022, il più grande aumento annuale mai registrato secondo le statistiche dell'UNHCR sugli sfollamenti forzati» (UNHCR, 2023).

Così si apre l'ultimo rapporto sullo sfollamento forzato globale, pubblicato nella sezione *Global Trends* del *United Nations High Commissioner for Refugees* (UNHCR). Quasi il 60% delle aree geografiche colpite da distruzioni belliche sono a rischio anche sotto il profilo ambientale e gli sfollamenti interni[1] legati ai disastri naturali hanno rappresentato oltre la metà (54%) di tutti i nuovi sfollamenti nel 2022. Per coloro che non riescono a lasciare il proprio paese, la permanenza all'interno di abitazioni temporanee di pronto impiego non ha scadenza certa e - nella maggior parte dei casi - rischia di essere aggravata da rigide temperature, violenti fenomeni atmosferici e dissesti idro-geologici[2].

Crisi bellica e climatica, che si traducono soprattutto in emergenza

---

[1] Quando, in seguito a disastri di varia natura, i civili restano sfollati all'interno delle proprie regioni.

abitativa, preoccupano sempre più e la precarietà della vita sul pianeta Terra ci spinge a riconsiderare in chiave attuale la produzione in serie di soluzioni abitative modulari. Dunque, torna ad essere centrale - ciclicamente e mai a caso - il tema della casa prefabbricata, le cui origini risiedono nella prerogativa modernista di realizzare un'edilizia abitativa fondata su economicità e velocità di costruzione.

Un'edilizia in grado di semplificare il processo costruttivo stesso, attraverso operazioni di montaggio a secco di elementi riproducibili, al fine di realizzare abitazioni smontabili, leggere e trasportabili che, nonostante la serialità e la ripetizione, facciano fronte ad esigenze di diversa natura assumendo configurazioni differenti, tanto all'interno quanto all'esterno.

Il modulo prefabbricato, inteso ieri come cellula subordinata al macrosistema dell'edilizia sociale -dall'unità abitativa di Moisej Ginzburg a quella di Le Corbusier - viene oggi estrapolato dallo schema dell'abitazione intensiva per essere inteso come autonomo. Circa un secolo dopo, aggiornato in termini di flessibilità, reversibilità, efficienza, autosufficienza energetica e sostenibilità ambientale, il modulo abitativo nell'accezione di *microhome* costituisce sistema a sé stante indagato non solo nella rincorsa alla concretezza del presente ma anche nella rappresentazione di proiezioni utopistiche.

I sistemi costruttivi prefabbricati possono essere leggeri o pesanti. In base alle caratteristiche delle loro componenti si suddividono in sistemi intelaiati, sistemi a pannelli portanti - nei quali sono predisposte canalizzazioni per impianti - e sistemi tridimensionali a scocca, nella quale vengono integrati arredi e impianti (Carbonara, 1994). Come dimostrato nella mostra sulla casa prefabbricata *Home Delivery* ospitata dal MoMa di New York nel 2008, il rinnovato interesse per questo tipo di ricerca e l'informatizzazione del processo compositivo rendono il micro-alloggio da un lato un prodotto efficace per rispondere rapidamente ad emergenze abitative e sociali, dall'altro occasione d'indagine e congiunzione tra architettura, design del prodotto e design degli interni (Ferraboli 2015).

Lo aveva intuito all'inizio degli anni '50, integrando alla ricerca sull'abitazione mobile il principio della pianta libera, Jean Prouvé[3], ma-

---

[2] Si fa riferimento a quanto riportato nel report annuale, datato 2023, del UNHCR: *Global Trends. Forced displacement* 2022. Per ulteriori approfondimenti si visiti il sito: https://www.unhcr.org/it/

estro dell'estetica del giunto, al quale guarda con ammirazione Norman Foster. La presentazione del prototipo abitativo esposto in occasione della 18ª Biennale dell'Architettura di Venezia diventa inequivocabile affermazione d'intenti:

> «sebbene questi campi[4] siano inizialmente concepiti come soluzioni temporanee, la realtà e l'esperienza hanno dimostrato che diventano insediamenti permanenti, dove le famiglie trascorrono innumerevoli anni. [...] Considerata la condizione permanente di questi insediamenti, la Fondazione Norman Foster vorrebbe proporre un approccio diverso a questo problema. I rifugiati e le comunità sfollate dovrebbero avere diritto a strutture di migliore qualità. Dovremmo mirare a progettare case, non rifugi temporanei, e dovremmo creare comunità anziché campi» (Norman Foster Foundation, 2023).

Essential Home[5], dalla realizzazione economica e sostenibile, si pone come ultima sintesi tra alloggio minimo e soluzione abitativa d'emergenza. Nell'intero ciclo di vita dell'opera, composta interamente di elementi riciclabili e riutilizzabili, è ridotto al minimo l'impatto ambientale. La struttura viene semplicemente disposta su piattaforme permeabili di aggregati riciclati connessi da pannelli prefabbricati di cemento poroso. Ciò nonostante, benché priva di scavi e sbancamenti fondazionali, la struttura rimane ampiamente resistente a fenomeni metereologici ed eventi sismici. Nel sistema strutturale a tunnel un unico spazio longitudinale passante è avvolto da una scocca tridimensionale in legno, che, posata a contenimento dello strato isolante su un telaio modulare in acciaio, viene rivestita esternamente di fogli di calcestruzzo arrotolabile basso emissivo. La posa in opera dello strato di rivestimento cementizio richiede solo una rapida umidificazione dei fogli e l'attesa di un breve tempo di maturazione. Completata, la copertura può essere integrata da pannelli fotovoltaici o solari termici e abbatte ulteriormente i consumi energetici grazie alla particolare composizione della propria miscela, che consente alla copertura di assorbire la radiazione solare di giorno e di re-

---

[3] Si fa riferimento al prototipo di abitazione per senzatetto progettato da Jean Prouvé, la cosiddetta *Maison Coque* (Parigi, 1950-52).
[4] Campi profughi e insediamenti temporanei per soluzioni abitative d'emergenza.
[5] Si fa riferimento all'*Essential Home Research Project*, portato avanti dalla Norman Foster Foundation (2022-).

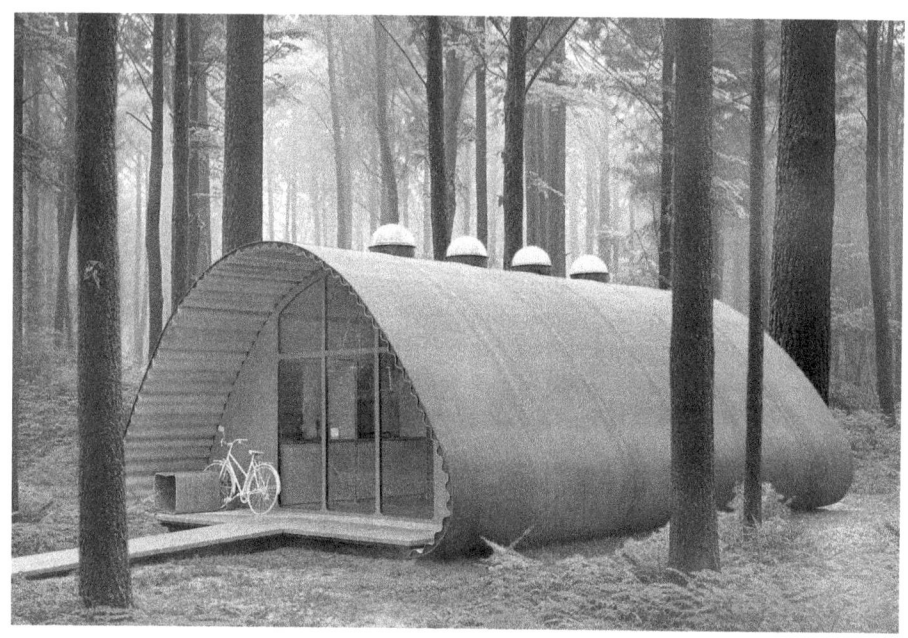
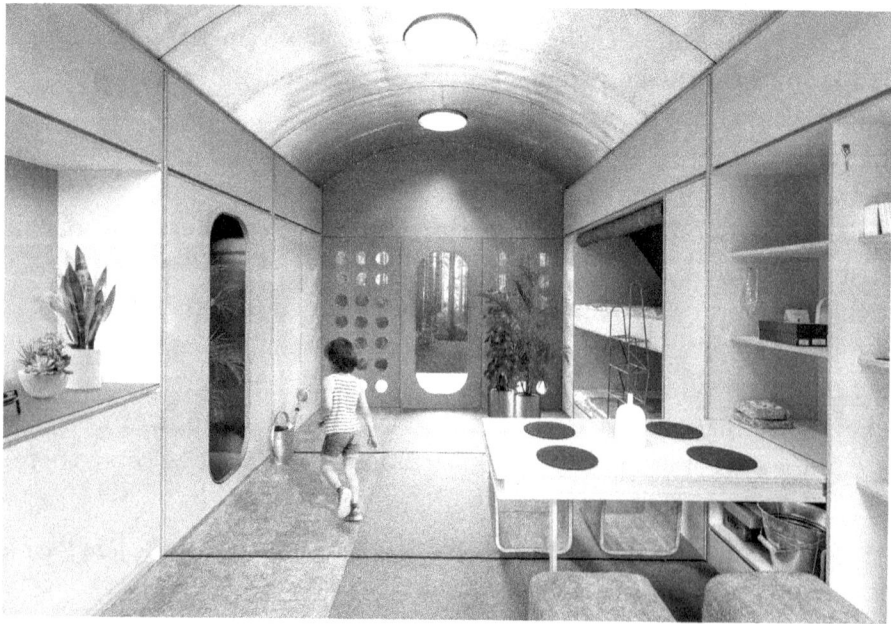

Essential Home, Norman Foster, Venezia, 2023. Vista esterna ed interna.
Fonte: Norman Foster Foundation. (Rielaborazione dell'autore)

stituirla sottoforma d'illuminazione nelle ore notturne. Poco più di 35m² sono sufficienti a ospitare fino a quattro persone. Lo sviluppo orizzontale e la componibilità dei moduli ne rendono possibile l'assemblaggio in diverse configurazioni a seconda di esigenze di tipo quantitativo o anche la connessione ad altre cellule della stessa fattispecie fino a generare piccoli aggregati urbani.

L'intera composizione, elegante e minimale, è caratterizzata da una evidente quanto necessaria organizzazione funzionale degli spazi. Moduli, pianta e facciate d'accesso sono chiaramente tripartiti. Lo schema alternato A-B-A, in base al quale allo spazio centrale servito vengono affiancati simmetricamente spazi serventi, trova riscontro nelle due facciate d'ingresso, anch'esse tripartite e componibili; naturalmente trasparenti in corrispondenza dello spazio centrale ed opache invece laddove queste contengono al loro interno arredi o servizi. Allo sviluppo in altezza dell'ambiente servito, illuminato da pozzi di luce disposti in copertura, viene contrapposta la compressione dei vani laterali serventi. Alla pavimentazione in fogli di cemento ecologico vengono abbinate verticalmente due pareti attrezzate realizzate, come buona parte dell'opera, in legno grezzo. Queste possono ospitare servizi igienici, cucina, contenitori di vario genere, mensole a giorno con tavoli componibili e removibili o anche divani e letti dotati di schermature flessibili. Una simile razionalizzazione dello spazio allude ad un'estensione dei principi funzionali della cucina di Francoforte[6] all'intero ambiente domestico, nel quale beneficiando della flessibilità della pianta libera - raggiunta tramite l'integrazione di servizi e arredi all'interno della scocca tridimensionale - è resa possibile la fruizione di vari ambiti e funzioni in un unico spazio continuo privo di partizioni fisse (Benetti, 2023).

Dalle solide *kit houses* statunitensi, emblema del mito del *self made man*, alle razionali tipologie francesi, efficienti e socialmente utili, dall'essenziale luogo di esodo e contemplazione lecorbusiano ai leggeri rifugi per le vacanze italiane e fino alle autosufficienti abitazioni sostenibili, la varietà di esiti della ricerca sull'abitazione prefabbricata può essere declinata in vari generi.

Torna in auge l'esperienza di Marco Zanuso e Giulio Minoletti sul

---

[6] Si fa riferimento al progetto di Margarete Schütte-Lihotzky, Cucina di Francoforte, 1926-27.

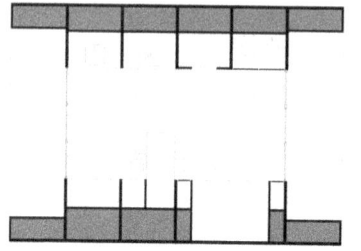
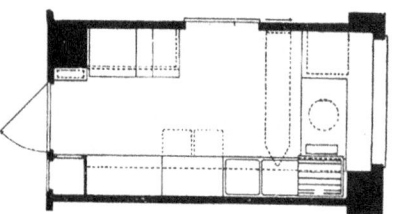

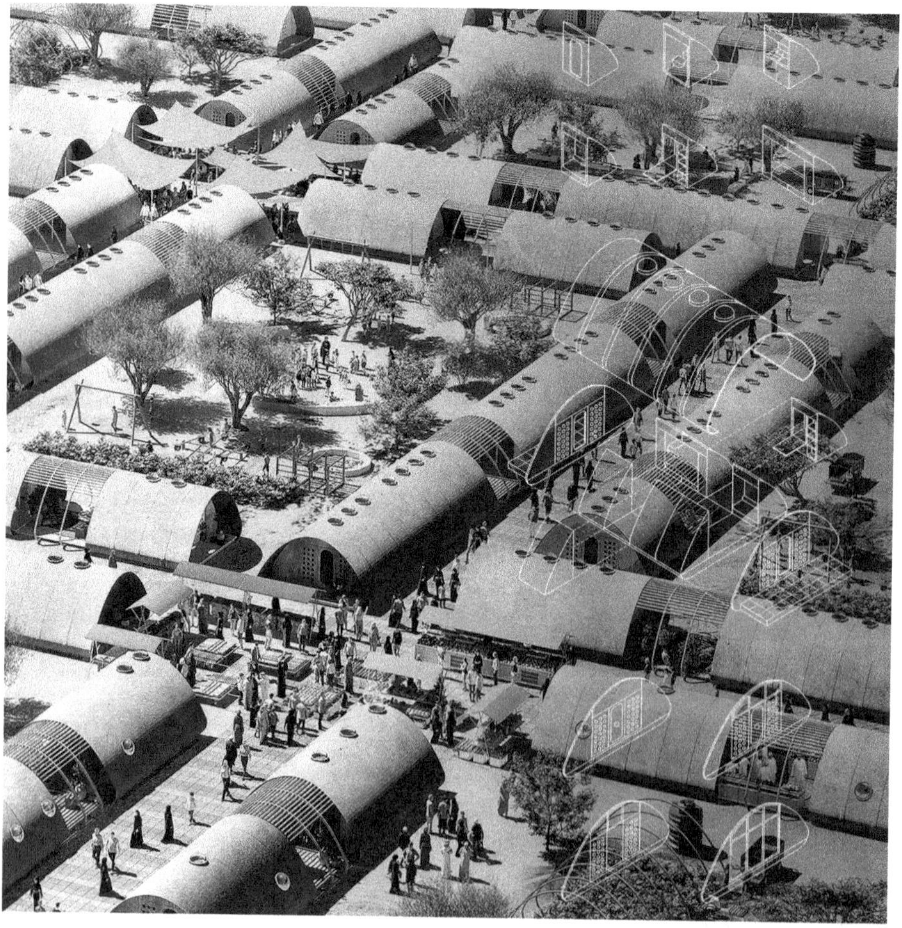

In alto: ESSENTIAL HOME, Norman Foster, Venezia, 2023 a sinistra.
Cucina di Francoforte, Margarete Schütte-Lihotzky, 1926-27, a destra.
In basso: ESSENTIAL HOME, Norman Foster, Venezia, 2023. Abaco dei moduli e ipotesi di impianto urbano.
Fonte: Norman Foster Foundation.

modulo di pronto impiego. Tema di ricerca ormai diffuso su scala globale, prima animato dall'interesse per le più improbabili soluzioni abitative, ora mosso dalla necessità di ricalibrazione delle esigenze umane dinanzi ad imminenti cambiamenti di paradigma.

Quanto più l'uomo respinge la natura tanto più essa avanza implacabile. Così la casa vacanza diventa invece inedita espressione dell'istinto di sopravvivenza umano e dell'adattamento a nuovi rapporti con l'ambiente circostante.

In tema di surriscaldamento globale, l'*European Environment Agency* prevede un innalzamento di circa 1m del livello medio globale del mare entro il 21007. Dati che nei paesi nordici ispirano sempre più la sperimentazione di modelli insediativi per l'abitazione delle acque. Da un'interessante rivisitazione del balloon-frame americano[8] e del gabbione fondazionale italiano[9] lo studio MAST di Copenaghen con *Land on Water* dona nuova linfa al filone di ricerca sulle architetture galleggianti. Nella soluzione di firma danese una piattaforma costituita d'assemblaggio di gabbie modulari metalliche, riempite di plastica riciclata e polimeri di recupero, diventa podio sostenibile e flessibile di insediamenti umani autosufficienti sull'acqua (Totaro, 2022).

Un rapporto di interdipendenza strutturale lega la composizione delle fondazioni galleggianti all'assetto dei corpi sovrastanti prefabbricati secondo il sistema intelaiato ligneo. Il prototipo abitativo, da realizzarsi con materiali locali e secondo le politiche di sostenibilità ambientale, tutela e contribuisce al mantenimento delle specie marine e si pone come soluzione adattabile e resiliente al clima ma potrebbe anche portare a un tipo completamente nuovo di comunità galleggiante *off-grid* dinamica e organica (MAST 2022).

Alla stregua delle ricerche e delle proiezioni futuristiche da Wright a Buckminster Fuller, passando per le aerodinamiche installazioni degli Archigram, l'informatizzazione digitale sembra aver reso concretizzabili

---

[7] Si fa riferimento alle previsioni dell'Agenzia Europea per l'Ambiente (European Environment Agency), come riportate sull'apposito sito web nella sezione *Analysis and Data*. In particolare, si consulti l'articolo *Global and European sea level rise*, pubblicato il 15 gennaio 2024.

[8] Struttura a telaio di montanti in legno irrigiditi da assi inchiodate in orizzontale a metà altezza brevettato nel 1833 da George W. Snow.

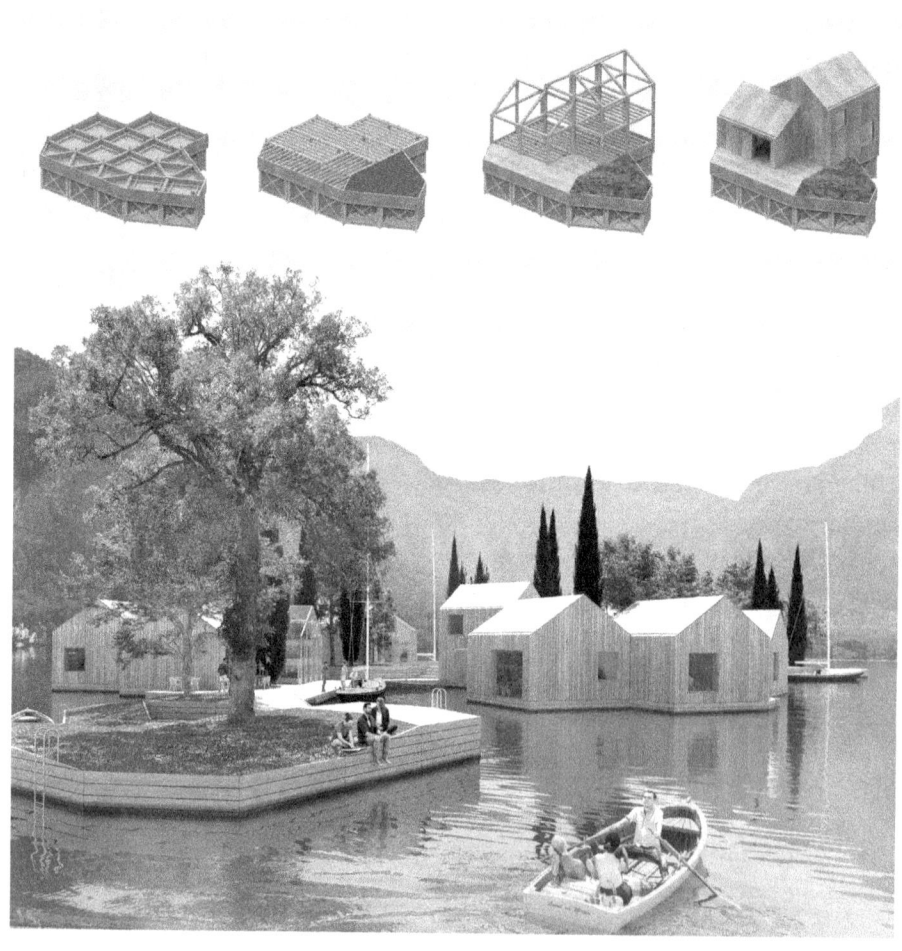

Land on Water, MAST, Copenahgen, 2022.
Vista esterna e processo di assemblaggio
Fonte: MAST ©

le più immaginifiche rappresentazioni dell'abitazione mobile. Laddove sotto le urla del cambiamento climatico il pianeta è lentamente spinto al collasso, torna a suscitare interesse il fascino dell'orizzonte dello spazio cosmico tipico della seconda metà del secolo scorso (Maria Luisa Palumbo, 2021). A distanza di decenni dall'ultimo atterraggio dell'uomo sulla luna, lo studio statunitense Skidmore, Owings and Merrill con *Moon Village* e *New Frontier*[10] inaugura e alimenta un filone di ricerca che ambisce ad abitare permanentemente altri satelliti e pianeti. Sistemi tridimensionali a scocca prefabbricati e versatili - calibrati in base alle condizioni atmosferiche lunari, assemblati sulla Terra in varie configurazioni a seconda delle necessità d'utilizzo - verrebbero installati sulla superficie lunare pronti all'uso (Benetti, 2022).

L'ambiente domestico ruota intorno ad un vuoto centrale in costante relazione con gli ambiti segnati da arredi flessibili e servizi fissi, che integrati al guscio interno consentono lo svolgimento delle più varie attività al fine di garantire il benessere dell'equipaggio. Nei singoli insediamenti le aree collettive, separate da quelle private collocate su livelli superiori, sono accessibili tramite due punti di ingresso in grado di ospitare camere di equilibrio verso moduli adiacenti o verso la superficie lunare che consentiranno all'insediamento di crescere in futuro, consentendo la creazione di una nuova comunità sulla Luna per l'esplorazione umana a lungo termine (Benetti, 2022).

Come visto, dalla solidarietà con la quale si tenta di far fronte ad emergenze umanitarie con particolare attenzione all'ecocompatibilità dell'intervento al rinnovato positivismo che promette la conquista dello spazio e l'affermazione di una nuova era dell'antropocentrismo, il ventaglio all'interno del quale si muove la ricerca sul micro-alloggio è ampio. Nonostante oggi si offra non più come prospero, bensì come precario, il futuro garantisce frequenti mutamenti di paradigma e dunque di esigenze della società contemporanea. Dall'instabilità di tali fattori emergono costantemente di stati di emergenza e di crisi che costituiscono per progetto di architettura occasione di confronto con scenari in passato inconcepibili, a partire dai quali vengono tracciate nuove frontiere dell'abitare.

---

[10] Per ulteriori approfondimenti si veda *New Frontiers*, di Skidmore, Owings & Merrill. Il progetto, datato 2022, sviluppa il tema dell'habitat lunare, concepito come spazio destinato ad addetti ai lavori (ingegneri e ricercatori in missioni della durata tra i due e i quattro mesi).

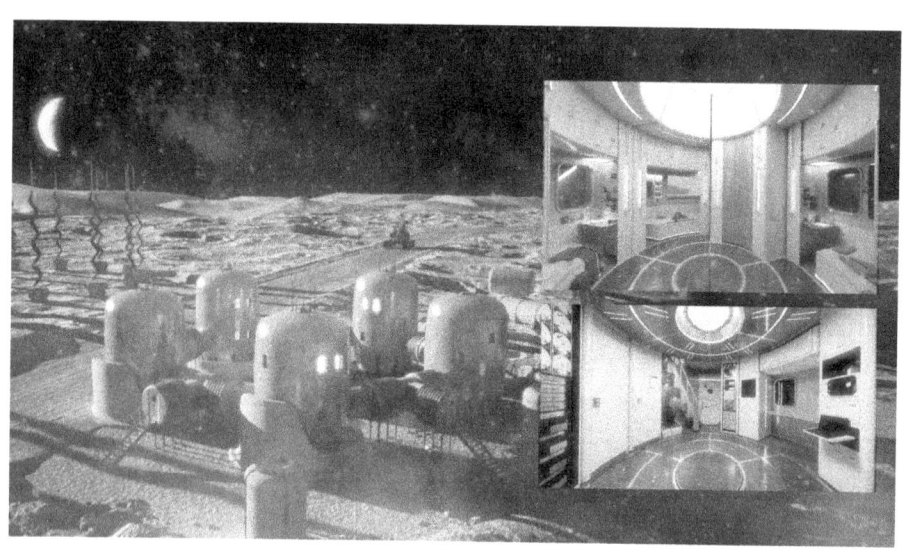

New Frontiers, Skidmore, Owings and Merrill, 2022.
Fonte: Skidmore, Owings and Merrill.
(rielaborazione dell'autore).

Bibliografia

Palumbo, Maria Luisa. 2001 - *Nuovi Ventri. Corpi elettronici e disordini architettonici.* Torino: Testo&Immagine.

Irace, Fulvio et al. 2015 - *Storie d'interni. L'architettura dello spazio domestico moderno.* Roma: Carocci editore.

Carbonara, Pasquale. 1994 - *Architettura pratica, La prefabbricazione edilizia.* Torino: UTET.

Sitografia

Benetti, Alessandro. 2022 - "SOM, dai grattacieli alla progettazione di architetture extraterrestri". *DomusWeb.* Ultima modif. 3 agosto 2022. https://www.domusweb.it/it/architettura/2022/08/08/som-dai-grattacieli-alla-progettazione-di-architetture-extraterrestri0.html

Benetti, Alessandro. 2022 - "Domus 1080, La mini-abitazione di Norman Foster come evoluzione della casa minima". *DomusWeb.*
Ultima modif. 13 giugno 2023. https://www.domusweb.it/it/citta-sostenibili/gallery/2023/06/09/norman-foster-foundation-e-holcim-presentano-essential-home.html

Totaro, Romina. 2022 - "Un nuovo sistema flat-pack per case galleggianti". *DomusWeb.* Ultima modif. 18 ottobre 2022. https://www.domusweb.it/it/citta-sostenibili/gallery/2022/10/18/un-nuovo-sistema-flat-pack-per-case-galleggianti.html

Indice dei nomi

Aiolova Maria, 20
Archigram, 141
Armiero Marco, 79
Arrese José Luis, 117

Bakunowitsch Julia, 81
Ballard James G., 114
Ballester Prets Cris, 115
Banham Reyner, 114
Barad Karen, 17
Benetti Alessandro, 139, 143
Benyus Janine, 17
Bernini Gian Lorenzo, 126
Blachère Gerard, 119
Boltshauser Roger, 117
Bos Caroline, 18
Buonarroti Michelangelo, 126
Buscher Jost, 81

Carbonara Pasquale, 136
Carrilho da Graça João Luís, 10, 101
Castellari Sergio, 14
Catalano Claudio, 55
Cave Gareth, 80
Cobe, 127
Coccia Emanuele, 53
Coop Himmelb(l)au, 130
Deleuze Gilles, 17
De Meuron Pierre, 99

Despommier Dickson, 81
Desvigne Michel, 130

EcoLogic studio, 19
Eliasson Olafur, 35, 37, 38

Foster Norman, 11, 137
Foucault Michel, 28
Frampton Kenneth, 121
Fuller Buckminster, 141

Gilliam Terry, 114
Ginsberg Alexandra-Daisy, 9, 35, 36, 37
Ginzburg Moisej, 136
González Quelle Lago, 59
Greenfield Emily, 53
Gréther François, 130

Han Byung-Chul, 93
Harari Yuval Noah, 114
Haraway Donna, 11, 34, 37, 38, 51, 52, 53, 55, 61
Heringer Anna, 117
Herzog Jacques, 99
Herzog Werner, 10, 113

Ibavi- Institut Balear de l'Habitatge, 10, 115, 117, 118, 119, 121
ilimelgo studio, 84

Jaque Andrés, 9,55,56,57,58,117
Jaynes Julian, 111
Joachim Mitchell, 20

Klarenbeek & Dros, 19
Kobayashi Keigo, 81
Koolhaas Rem, 114
Kossakovsky Viktor, 16
Kozai Toyoki, 81
Kuhn Thomas, 7
Kurokawa Kisho, 75

Lacol, 127
Latour Bruno, 55
Le Corbusier, 134
Loeb Capote studio, 99
Lonestar, 107
Lynn Greg, 18
Lu Chungui, 80

Macfarlane Robert, 115
Maldonado Tomás, 93
Marinelli Selenia, 35
Marini Sara, 44
Martínez-Mena García María, 58
Mast studio, 139
Material Cultures, 118
Mattioli Valerio, 121
Mecanoo, 99
Mesa del Castillo Clavel Miguel, 58
Meschiari Matteo, 111

Microsoft, 105
Minoletti Giulio, 137
Mit Media Lab, 36
Murcutt Glenn, 16

Nasa, 107
New Territories, 9,26,28
Niu Genua, 81
Norman Foster Foundation, 135

Obal Liliana, 117,118,121
Office for Political Innovation, 9,55,56
Oh Soojin, 80
Oliver Barceló Carles, 115
Oxman Neri, 9,19,35,36

Palumbo Maria Luisa, 143
Parrondo Celdrán Paz, 58
Pasquero Claudia, 20
Peruzzi Baldassarre, 126
Pirsig Robert, 82
Poletto Marco, 20
Prouvé Jean, 11,136

Rahm Philippe, 9,35,38,39,44,117
Rigal Gwenn, 10,113
Rispoli Ramon, 57
Roche François, 9,24,26,28

Schütte-Lihotzky Margarete, 11

SOM (Skidmore, Owings e Merril), 141
SPECHT Kathrin, 81
STENGERS Isabelle, 55,58

TAKAGAKI Michiko, 81
TAHA Amin, 118
TAKK, 117
TANGLEY Laura, 13
TERREFORM ONE, 9,20,22
TOTARO Romina, 141
TURENSCAPE, 73,75

UN/studio, 18

VAN BERKEL Ben, 18
VON UEXKÜLL Jakob, 14
VENA Antonio, 111
VIVES Rubén, 58
VOGT Günther, 38

WAGNER Robert, 91
WOOLF Virginia, 52
WRIGHT Frank Lloyd, 141

YANEVA Albena, 57
YU Kongjian, 73

ZAERA-POLO Alejandro, 57
ZANUSO Marco, 11,139
ZEDONG Mao, 71
ZHU PEI studio, 97

Gli 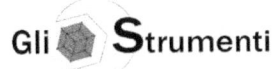 Strumenti

Collana diretta da Antonino Saggio

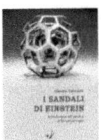
I sandali di Eisenstein
Introduzione all'estetica dello spaziotempo
Claudio Catalano
ISBN 979-8-374-21774-2

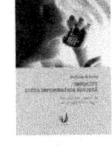
InfoCity Città Informatica Società
Impatti locali e globali da una prospettiva ecologica
Andrea Ariano
ISBN 979-8-850-74126-6

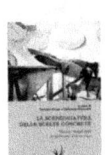
La sceneggiatura delle scelte concrete
Processi e metodi della progettazione architettonica
V. Perna, G. Stancato a.c.
ISBN 979-8-374-50230-5

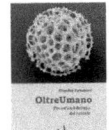
OltreUmano
Per un'architettura del vivente
Claudio Catalano
ISBN 979-8-864-45539-5

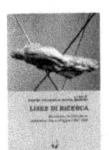
Linee di ricerca
Dissertazioni del dottorato in Architettura - Teorie e progetto 1986- 2022
F. Ficcadenti e S. Marinelli a.c.
ISBN 978-0-244-882662-3

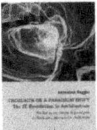
Pensieri su un cambio di paradigma
La rivoluzione informatica in architettura *anche in Inglese*
Antonino Saggio
ISBN 979-8-36394-486-4

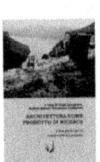
Architettura come prodotto di ricerca
Valutazione del progetto
L. Arcopinto, A. Arian, F. Calabretti a.c.
ISBN 979-8-374-5050-5-4

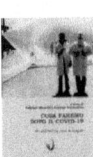
Cosa faremo dopo il Covid-19
Sei architetti in cerca di progetti
F. Marzilli, A. Sorrentino a.c.
ISBN 979-8-372-09991-3

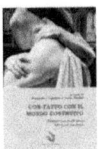
Con-tatto con il mondo costruito
Rieducare il corpo allo spazio nell'era post-pandemica
F. Casalino e L. Nicolai
ISBN 978-1-716-80343-7

Questo Libro può essere ordinato
presso le librerie on line di
www.amazon.it

Scientific open access www.academia.edu

Vita Nostra Edizioni
Roma 2023

www.ingramcontent.com/pod-product-compliance
Lightning Source LLC
Chambersburg PA
CBHW052208220526
45471CB00004B/1863